위험하지 않은 몰락

위험하지 않은 몰락

강상중과
우치다 타츠루가 말하는
불안과 화해의 시대론

강상중
우치다 타츠루
지음

노수경
옮김

사계절

일러두기

1. 이 책은 강상중과 우치다 타츠루의 대담을 바탕으로 쓰인
   『세계최종전쟁론世界最終戦争論』(集英社新書, 2016)을 번역한 것이다.
2. 이 책의 외래어 표기는 국립국어원 외래어 표기법의 규정을 따랐다. 단, 저자인
   우치다 타츠루의 이름만 외래어 표기법의 '다쓰루'가 아니라 한국에서 보다 많이
   쓰이는 '타츠루'로 표기했다.
3. 문맥의 흐름을 보충하거나 독자의 이해를 돕기 위해 설명이 필요한 부분에 괄호를
   달고 '옮긴이 주'를 실었다.
4. 단행본이나 정기간행물은 『 』로, 논문이나 신문 기고문 등은 「 」로, 그림이나 영화 등의
   예술작품은 〈 〉로 표기했다.

20세기 말 국제 금융 위기가 아시아를 강타했고, 그로부터 10년이 지난 뒤 리먼 브라더스 사태가 터지면서 세계 경제는 다시 한 번 몰락의 위기를 견뎌내야 했다. 그로부터 또 10년이 지난 지금, 세계는 다시 한 번 출구가 보이지 않는 좁고 험한 길에 들어섰다. 폭주하는 글로벌 자본주의에 대한 백래시backlash로서 세계 곳곳에서 정치·경제 시스템의 결함이 드러나고 있다. 아메리카 퍼스트를 주장하는 미국의 보수주의, 미국과 중국의 패권주의, 유럽연합 체제를 위협하는 영국의 브렉시트, 이민과 난민, 민족적 혹은 종교적 소수자에 대한 배외주의, 극우 정치 세력의 대두 등으로 전 세계가 소란스럽다.

불안과 갈등의 근저에는 무엇이 있는가. 대체 무슨 일

이 일어나려고 분노의 증상들이 동시다발적으로 터져 나오는 것인가. 앞으로 어떤 변화가 우리를 기다리고 있을까. 나는 우치다 타츠루와 함께 이런 주제들에 대해 이야기하고 싶었다.

한국은 일본제국의 식민 지배로부터 독립한 뒤 개발 독재하에서 '압축 근대'라는 질풍노도의 시대를 경험했으며, 민주 세력과 보수 세력이 격렬하게 투쟁하는 시대를 통과한 후 이윽고 '촛불 무혈 혁명'을 이루어냈다. 하지만 이런 한국도 글로벌화와 그 역류의 갈등 사이에 끼어 몸부림치고 있다. 일본은 20세기를 거치면서 꺼림칙한 군국주의의 저주와 속박에서 해방되고 세계 유수의 경제대국으로 올라섰지만, 21세기에 이르러 국력이 눈에 띄게 쇠퇴하고 있다.

왜 세계는 국민 통합과 사회적 일체감을 해체하는 갈등과 분열을 피하지 못했나. 어찌하여 미국은 러스트 벨트rust belt(미국 북동부 5대호 주변의 쇠락한 공장 지대)와 동해안·서해안의 대립으로 치달을 수밖에 없었나. 유럽연합과 한국, 일본 등 세계 각지에서 국민 통합을 위협하는 분열이 점점 더 심각해지는 이유는 무엇인가.

분열의 시대. 만약 이 말이 현대를 상징한다면 이 시대는 개인의 마음속에도 분열을 가져올 것이다. 마음속 분

열은 불안으로 변해 우리를 암울한 회색빛 세계 안에 가
둔다. 깊은 불안에서 나오는 불신과 시기, 의심, 공포와 증
오로 추동되는 사회는 너무나도 우울한 미래가 아닌가.

　이런 상황에서 벗어날 방법을 모색한 선인들이 있었
다. 당대의 사상과 철학, 과학과 지성을 총동원하여 혼돈
과 분열에 종지부를 찍으려 시도했던 대표적 인물로 17
세기의 위대한 정치사상가 토머스 홉스Thomas Hobbes를
들 수 있다. 홉스가 상정한 '만인에 대한 만인의 투쟁'으
로서의 '자연 상태'란 '내전'에 가까운 상태다. 현재 글로
벌화와 백래시의 갈등을 겪고 있는 거의 모든 국민국가
는 무기냐 투표용지냐, 혹은 말이냐 폭력이냐 정도의 차
이는 있을지언정 어떤 형태로든 '내전'에 가까운 혼란에
빠져 있다.

　글로벌화 시대가 아이러니하게도 홉스의 시대로 돌아
가는 상황을 누가 상상할 수 있었을까. 시간을 과거로 돌
릴 수도 없고, 과거가 현대에 되살아나지도 않는다. 하
지만 '내전'이라는 렌즈를 통해 과거와 현대를 비교하는
'사고 실험'은 가능하다. 『위험하지 않은 몰락』은 나와
우치다 타츠루가 함께한 사고 실험의 결과물이다.

　한국은 '한국전쟁'이라는 전대미문의 내전을 겪은 뒤
분단되었고, 지금도 그 굴레에서 신음하고 있다. '내전'

이라는 단어가 한국 독자들에게는 더욱 생생하게 느껴질지도 모르겠다. 하지만 남북한의 화해가 확실하게 진행되고 있는 오늘날의 상황에 비추어보면 그 어떤 분열과 갈등도 '화해'의 힘으로 극복할 수 있다는 확신이 생긴다. '화해의 힘'이란 때로는 어설프고 취약하며, 증오나 반감을 진정시키기엔 무력해 보일지도 모른다. 하지만 인류는 20세기의 파시즘과 나치즘, 군국주의라는 '새로운 야만'의 시대를 헤쳐 나오면서 화해라는 보이지 않는 힘을 결코 포기하지 않았다. 한반도는 바로 그 화해를 위한, 또한 인류의 미래를 향한 진정한 '실험의 장'이다. 이 책이 인류를 위한 실험에 참여하고 있는 한국의 독자들에게 응원과 격려가 되기를 희망한다.

2018년 12월
구마모토에서
강상중

역사를 추동하는 힘은 무엇일까?

철학자 헤겔G. W. F. Hegel은 인간이 이제껏 걸어온 길을 세계사로 총괄하고 그 도달점을 근대, 즉 '서양'으로 가는 길로 그렸다. 그가 보기에 역사를 움직이는 힘은 자유라는 이념의 고난에 찬 행보였다.

비록 역사의 장면 장면마다 피가 뚝뚝 떨어지는 참극이 벌어지며 사람들의 고통과 한탄이, 슬픔과 공포와 불안이 가득할지라도, 역사의 단두대 앞에서는 세계정신이라는 승리의 여신이 미소를 짓고 있다. 세속적 구원의 역사로서 세계사를 구상한 헤겔은 근대의 승리를 위해 자유라는 이념의 자기실현을 꿈꾸고 있었다고 할 수 있다.

그러나 두 번에 걸친 세계대전과 대량 살육, 원자폭탄 투하, 홀로코스트, 한국전쟁, 베트남전쟁, 그리고 수많은 내전과 걸프전, 이라크전, 아프가니스탄전쟁, 공중폭격과 테러 등 끊임없이 반복되는 참극을 안다면 헤겔의 낙관론 따위는 분명히 흔적도 없이 사라질 것이다.

그럼에도 불구하고 헤겔의 주제의식은 두 가지 측면에서 여전히 현대적 의미를 갖는다. 첫째는 **비극적 사건으로 말미암아 인간과 역사 그리고 세계사가 크게 선회한다**는 점이다. 둘째는 우리는 서양 중심이 아니라 '다중심적'이며 '분산된' 형태의 세계에서 살고 있지만, 결국 글로벌화의 과정 속에서 모든 것이 어딘가로 이어졌다는 의미에서 단 하나의 세계를 살고 있다. 우리는 **문자 그대로 세계사라 할 수 있는 역사를 살고 있다.**

그렇다. 우리는 여전히 '근대의 아이들'이다.

나쓰메 소세키夏目漱石는 첫 신문 연재소설인 『우미인초虞美人草』의 맺음말에서 비극은 희극보다 위대하다고 단정했다. 그는 틀림없이 인간은 처참한 고난, 비탄과 번민, 죽음과 질병 같은 비극을 통해 숙연해지고 '새로 태어난다'라고 말하고 싶었으리라.

전쟁은 가장 비극적 일이다. 전쟁터에서, 가스실에서, 공중폭격으로, 화학병기로, 원자폭탄으로 수만, 수십만, 수백만, 수천만의 사람이 목숨을 잃지 않았는가. 공교롭게도 전쟁의 대부분이 자유의 이념이 승리하고 사람들이 인권을 노래하며 이제껏 없던 풍요로움이 실현된 20세기에 벌어졌다.

2차 세계대전이 끝났을 때 많은 사람이 '이제 두 번 다시는Never again'이라고 굳게 맹세했다. 이제 두 번 다시는 전쟁이라는 비극을 반복해서는 안 된다고 말이다. 그 맹세와 함께 전후가 시작되었고 '다시 태어나고' 싶다는 염원이 역사를 움직였다.

하지만 살육은 결코 멈출 줄 몰랐으며 전 세계에서 크고 작은 비극이 일어났다. 사람들의 목숨은 끊임없이 역사라는 이름의 단두대에서 이슬로 사라졌다.

냉전의 종언 이후 사반세기가 지난 오늘날, 세상 거의 모든 곳에서 자유가 승리했지만 역설적으로 세계는 그 자유를 억압하는 방향으로 돌아서고 있다. 난민과 테러라는 비극이 국경을 넘어 흘러넘치고 있다. 이제는 더 이상 근대가 안고 있던 문제를 어떤 '보이지 않는 장소'에 가둬놓을 수 없게 되었다.

'풍요로운 국가'들은 그동안 기아, 빈곤, 테러 같은 비극을 국경 바깥에 봉인해둔 채 국경 안에서 '성장과 번영'이라는 희극적 축제에 취해 있었다. 그런데 언제부터인가 국경 밖의 비극이 국경 안으로 침입해 들어왔다. 오늘날 세계는 '범비극주의'라는 점에서 한없이 '하나에 가까운 세계'로 수렴하고 있다.

그렇다. 드디어 '유일한 세계사'를 쓸 수 있는 조건이 갖추어진 셈이다. 동시에 이는 '자유'라는 이념이 추동하던 시대의 종결을 의미하는지도 모르겠다.

과거에 자유의 시대에 종언을 고하듯 등장한 것이 나치즘이라는 '새로운 야만'이었다면, 지금 우리에게 닥쳐오는 것은 포퓰리즘이라는 '21세기의 야만'인지도 모른다. 그런데 하필 자유를 건국의 기본 이념으로 삼았으며 근대의 '정통'으로 간주되는 미국과 프랑스에서 이런 현상이 현저하다니, 격세지감을 금할 길이 없다.

'21세기의 야만'의 등장이 뜻하는 바는 과연 무엇일까? 국가가 막강한 군사력과 핵 억지력을 동원한다 하더라도 제 몸이 산산조각 나는 것을 축복이라 믿고 자폭하는 이들과 그러한 신념으로 뭉친 집단을 과연 막아낼 수 있을까. 극장, 지하철, 공항 같은 민간시설에서 자폭테러가 계속된다면 '자유로운 사회'는 그 비극을 감당할 수 있을까.

위험하지 않은 몰락

공포와 불안, 적개심이 더더욱 증폭되지는 않을까. 결국 자유를 부정하고 기피하고 아예 폭력과 선동에 몸을 맡기는 '살육의 연쇄'가 끝없이 이어지는 것은 아닐까.

어쩌면 우리는 지금 전방과 후방, 전시와 평시, 비극과 희극이라는 구분도 거의 의미가 없어지는 시대의 도래를 목도하고 있는지도 모른다.

'범비극주의'가 근대의 슬픈 말로라면, 우리는 앞으로 그 비극이 끝없이 계속되는 세계사를 살아갈 수밖에 없는 걸까. 그게 아니라면 또 다른 근대로 들어가는 문이 있을까. 만약 이 두 가지 가정이 모두 틀렸다면, 근대의 종말과 함께 근대 이후의 또 다른 세상이 눈앞에 펼쳐지게 될까.

100년이나 200년, 혹은 그 이상의 단위로 역사를 바라볼 때 우리가 살고 있는 현대는 어쩌면 '역사의 분기점'일지도 모른다. 바로 그러한 예감 위에, 나는 일본의 대표적 사상가 우치다 타츠루와 함께 '세계사'의 커다란 그림을 그려나간다. 우리는 이 책에서 최근에 일어난 사건들을 논의하고 기록했다. 이것이 시대를 읽어내는 나침반이 될 수 있다면 내겐 더할 나위 없는 기쁨이다.

강상중

서장

세계는 '최종 전쟁'으로
향하는가

〈민중을 이끄는 자유의 여신〉

외젠 들라크루아, 1830년, 캔버스 유채, 260×325cm,

루브르미술관 소장.

파리 동시다발 테러 사건

강상중(이하 강)　서론이 길어질 듯한데 이 책의 토대가
되는 제 나름의 문제의식을 먼저 개진해볼까 합니다.

저는 2015년 11월 프랑스에서 동시다발적으로 일어난
테러 사건을 통해 현대 사회가 마주한 문제들을 제기하
려고 합니다. 본론을 시작하기 전에 먼저 '현대'란 어떤
시대인지, 긴 안목으로 바라보았을 때 '현대'를 어디에
위치시킬 수 있을지에 관해 개괄하겠습니다.

제가 대중매체에 처음으로 출연하게 된 계기는 1991년
에 일어난 걸프전이었습니다. 비슷한 시기에 중국에서는
천안문사태가 일어났지요. 또 유럽에서는 베를린 장벽이
무너지고 냉전이 끝났습니다. 한편 일본에서는 쇼와 시
대(1926~89)가 막을 내렸습니다. 그리고 소비에트연방이
와해되기 시작했습니다. 바로 그때, 당시까지 가졌던 전
쟁의 개념과 이미지를 완전히 뒤집어놓는 걸프전이 일어
났습니다.

당시 우리는 걸프전이라는 전쟁의 의미를 제대로 이해하
지 못한 채, 소비에트연방의 붕괴가 가져온 충격에 눈과
귀가 멀어버렸습니다.

어떻게 보면 소련의 붕괴는 그 이전부터 시작된, 피할 수

없는 일이었습니다. 오히려 폭력적 파국 없이 비교적 안전하게 붕괴가 진행되었다는 점에서 기적이었지요. '동구혁명'과 냉전체제의 붕괴는 이후 찾아올 세계의 평화를 예감케 했습니다. 두 초강대국 가운데 한 축인 소련이 체제의 종언을 고했으니 냉전이라는 세계사적 시대 구분은 끝나고 포스트 냉전, 즉 핵의 공포로부터 해방된 새로운 시대가 도래하리라고 기대했습니다.

미국의 정치학자 프랜시스 후쿠야마Francis Fukuyama가 『역사의 종말The End of History and the Last Man』에서 한 말처럼, 모든 인간이 일상생활의 쾌적함을 추구하는 데만 몰두하는 지루하지만 평화로운 시대가 오리라고 생각했습니다. 헤겔이 『역사철학강의Lectures on the Philosophy of History』에서 말한 '자유라는 이념의 자기실현으로서의 세계사'가 미국을 궁극의 텔로스telos(목표점)로 삼은 이상, 이제 더 이상 혁명적 비약은 있을 수 없게 된 셈이지요.

냉전의 시작과 1차 세계대전

강   그렇다면 냉전은 과연 언제 시작되었을까요? 되짚어보면 역시 1차 세계대전(1914~18) 무렵이 아니었나 싶습니다. 1차 세계대전 때 처음 등장한 '총력전'에서 영감을 받은 레닌주의는 국가와 사회를 일체화하는 새로운 '전체국가'의 이미지를 만들었습니다. 그것을 실제 국가로 실현시킨 것이 바로 소비에트연방입니다.

하지만 선진 자본주의국가들은 이미 국가라는 '경제의 감제고지commanding heights of the economy'(국내외의 모든 경제활동를 정부가 통제하는 것을 가리킨다-옮긴이)를 자본의 이익 극대화를 방해하는 질곡으로 간주하고 신자유주의 쪽으로 방향을 돌렸습니다. 이런 상황에서 국가라는 거대한 '감제고지'의 중압에 짓눌리던 소련과 그 위성국가의 정체와 쇠퇴는 불을 보듯 뻔했습니다. 이런 시각에서 봤을 때 아마도 1970년대 말에는 소련과 위성국가들의 체제가 바뀔 수밖에 없지 않았나 생각합니다. 그렇다면 냉전은 1차 세계대전 종전(1918년 11월 11일)부터 1970년대 말까지 약 60년간 이어졌다고 할 수 있습니다. 1980년대는 소련이 막을 내리기 위한 준비기간으로 볼 수 있고요.

사회학자 막스 베버Max Weber의 『종교사회학 선집Sociology of Religion』 첫머리에는 '근대 유럽문화 세계의 자식'이라는 표현이 등장합니다. 마르크스-레닌주의가 그 '자식'이며 소련 또한 마찬가지입니다. 현재 유럽에서 아시아까지 넓게 펼쳐진 '유로아시아(유라시아 대륙)'에 속한 국가의 경우도 기본 원리는 '근대'의 프레임 안에 있습니다.

평화의 100년, 발전의 200년

강   1차 세계대전으로부터 100년을 거슬러 올라가면 빈회의(1814~15)에서 성립된 신성동맹 시대에 도달하게 됩니다. 신성로마제국을 이상으로 삼았던 러시아 황제와 오스트리아 황제 그리고 프러시아 국왕이 체결한 이 동맹은 프랑스혁명과 나폴레옹전쟁 이후의 근대 유럽을 복고적 세계질서로 복권하려 했습니다. 그러나 여러분이 잘 아는 것처럼 1848년 2월혁명으로 비롯된 많은 혁명은 보수 체제를 와해시켜버립니다. 경제인류학자 칼 폴라니Karl Polanyi가 『거대한 전환The Great Transformation』에서 지적한 것처럼, 빈체제에서 1차 세계대전 발발 직전까지의 유럽은 '100년간의 평화peace hundred'를 향유했습니다. 물론 마르크스Karl Marx의 『공산당선언The Communist Manifesto』을 보면 알 수 있듯이 19세기 중반 무렵 유럽에서는 프랑스혁명의 유산이 되살아나 사회주의적 전망이 열매를 맺었습니다. '서구'에 동화된 거대한 비지飛地(다른 나라의 영토 안에 있는 제 나라의 영토-옮긴이)와 다름없던 미국은 남북전쟁을 거치면서 아메리카 신대륙의 역사 위로 등장하게 됩니다.

이렇게 보면 19세기 초부터 20세기 말까지 200년 동안의 세계는 헤겔의 말처럼 '서구'를 토대로 하는 근대가 생성하고 발전한 시대였습니다. 신성로마제국의 잔영을 좇아 만든 빈체제가 붕괴하고 국민국가가 급속히 성장하는 모습에서도 알 수 있듯이, 그 안에 존재하는 대립관계는 어디까지나 국민국가체제라는 프레임 안에서 전개되었습니다.

물론 마르크스주의는 국민국가의 벽을 넘어 '인터내셔널'하게 퍼져나갈 가능성이 있었습니다. 하지만 스탈린주의로 명명된 일국사회주의체제를 통해 알 수 있듯이 결국 마르크스주의마저도 실제로는 연방제를 취하는 거대한 국민국가 프레임 안에서만 존속할 수 있었습니다.

서구를 지배하는 자유 이데올로기

강   칼 폴라니는 100년 동안 평화를 이어

갈 수 있었던 이유를 다음과 같은 국제적 조건에서 찾습
니다.

1.   국민국가체제
2.   세력균형Balance of power system
3.   국제 금본위제
4.   자기조정적 시장경제

위의 조건 중에서 1970년대 말까지 남아 있던 것은 국민
국가체제와 자기조정적 시장경제입니다. 특히 자기조정
적 시장경제는 지구를 집어삼킨 듯이 진 세계로 퍼져나
갔습니다. 그에 비해 국민국가는 여전히 일정한 영토와
공간에 묶인 채였으므로, 시장경제와 국민국가는 점점
어긋나 심각한 모순에 이르렀습니다. 어떻게 보면 제어
할 수 없는 상황에 빠져버린 것입니다.

그럼에도 국민국가와 시장경제의 알력은 어디까지나 근
대라는 프레임 안에서 생기는 모순으로 인식했으며, 세
계의 역사는 근대의 정통을 자처하는 혁명의 나라와 독
립혁명의 나라를 모범으로 삼아 전개된다고 여겼습니다.
여기서 말하는 '정통'은 혁명이라는 특정한 원리와 원칙
에 따라 새로 만들어진 국가라는 뜻이며, 한마디로 자유

세계사는 근대의 정통을 자처하는 혁명의
나라와 독립혁명의 나라를 모범으로 삼아
전개되었다. 이때 '정통'은 혁명이라는
특정한 원리와 원칙에 따라 새로 만들어진
국가라는 뜻이며, 한마디로 자유를 근본
원리로 삼는다는 것이다.

를 근본 원리로 삼는다는 것입니다.

물론 프랑스혁명의 가치에는 평등도 있고 박애도 있습니다. 하지만 프랑스혁명과 미국 독립혁명의 근본적 공통점은 '자유'이며 이 '자유'에 관해서는 두 나라 모두 원리주의적 태도를 취한다고 해도 과언이 아닙니다.

세계체제론자인 이매뉴얼 월러스틴Immanuel M. Wallerstein은 19세기 이후 근대를 지배한 이데올로기는 자유주의라고 단언했습니다. 정말로 그랬습니다. 이 자유주의를 국가의 기본 원리로 삼은 나라가 프랑스와 미국입니다. 애덤 스미스Adam Smith와 존 스튜어트 밀John Stuart Mill을 배출하긴 했지만 기본적으로 왕정을 유지한 채 본격적 공화제의 역사를 경험하지 않은 영국을 '자유'를 국가의 기본 원리로 삼은 국가라고는 할 수 없습니다.

이렇게 과거에는 '근대'라는 프레임 안에서 움직이던 세계사의 무대에 이제 '서구'와 그 서구의 귀결이라 할 수 있는 러시아, 미국, 그리고 그 밖의 지역과 민족들이 점차 민족국가를 이루면서 모습을 드러냈습니다. 다만 민족국가 또한 어디까지나 '서구'를 토대로 한 근대의 모방이거나 그 과장된 변형에 지나지 않는다고 말할 수 있습니다.

자유에 대한 반역 – 이시와라 간지의 『세계최종전쟁론』

강   냉전이 끝나고 근대가 전면적으로 개화하며 전 세계가 미국과 프랑스를 본받아 자유를 원리로 하는 국가, 사회, 제도를 만들기 시작하던 바로 그때, 역설적으로 근대가 힘을 잃고 소모되어 스스로를 감히 '보편적'이라 내세울 수 없음이 분명해졌습니다.

1970년대 말에 일어난 이란혁명은 이 상황을 가장 분명하게 보여준 징후였습니다. 중동 지역에 자유를 기본 원리로 삼은 국가가 아니라 '이슬람 부흥주의'의 기치를 내건 국가가 등장하면서 중동은 격동의 시대로 빠져듭니다. 걸프전이 그 시작점입니다. 이후 '재스민혁명'(2010년 튀니지 국민들이 독재 정권에 반대하여 일으킨 반정부 시위에서 시작하여 북아프리카와 중동 일대로 번진 민주화 혁명이다-옮긴이)을 계기로 한 '아랍의 봄'이 좌절되었고, 시리아내전이 시작되고 이슬람국가Islamic State(이하 IS)가 등장했습니다. 국경을 초월한 테러와 유럽을 향한 난민의 행렬 등 '서구'를 토대로 한 근대 자체가 동요하는 동시에 자유의 원리를 '국시'로 삼은 국가들마저 자유를 부정하는 방향으로 기우는 듯 보였습니다. 프랑스나 미국만큼 지속적으로 중동에 군사 개입한 국가는 없습니다.

과거에 관동군 참모였던 이시와라 간지石原莞爾는 『세계
최종전쟁론世界最終戰論』에서 일본과 미국의 전쟁을 가정
했습니다. 이게 얼마나 황당무계한 미망이었는지는 패전
후의 역사가 잘 보여줍니다. 미국을 상대로 전쟁을 일으
키자는 주장을 받아들인 일부 지식인들의 '근대초극론'
또한 제정신으로 한 말이 아니었음이 분명합니다. 또 전
쟁의 잔상을 지우고 문화적 허황함 속으로 모습을 감춘
'포스트모던한' 사상이나 후쿠야마의 '역사의 종말'도,
지금 생각해보면 근대라는 프레임에 갇힌 환영에 지나지
않았습니다.

제게는 '서구'를 토대로 하는 근대가 1970년대 밀부터
닳아 없어지기 시작했으며 '자유'라는 원리 또한 체로 걸
러지고 있던 것처럼 보입니다.

프랑스에 만연한 저주

강   그런 가운데 파리에서 충격적 테러가
벌어졌습니다. 어쩌면 이 사건은 '세계 최종 전쟁'의 전
조가 아닐까 싶을 정도입니다. 파리 테러(2015년 11월 13일
파리 시내와 교외의 상드니 지구 상업시설에서 IS 전투원으로 보이

는 복수의 그룹에 의한 총격 및 폭발이 발생했다. 이 사건으로 132 명이 사망하고 300명 이상이 다쳤다. IS는 프랑스의 시리아 공중폭격에 대한 보복 테러라는 성명을 발표했다)에 관해서는 우치다 씨도 여러 매체를 통해서 입장을 밝혔습니다. 제가 우치다 씨만큼 프랑스 사정을 잘 알지 못하지만, 지난해에 벌어진 『샤를리 에브도Charlie Hebdo』 총격 사건(2015년 1월 7일, 파리 소재의 풍속주간지 『샤를리 에브도』의 본사가 습격을 받아 경찰관과 편집자 등 12명이 사망했다)을 포함하여 최근 10년 동안 프랑스에서 일어난 일들을 보고 있노라면 프랑스가 엄청난 저주에 걸린 게 아닌가 싶을 정도입니다.

이런 생각을 하게 된 계기는 바로 2005년에 일어난 이민자 출신 젊은이들의 폭동 사건입니다. 폭동은 그해 10월 27일 파리 북동부 외곽의 클리시 수 부아에서 시작되었습니다. 강도 사건을 수사하던 경관이 북아프리카 출신의 이민자 젊은이 3명을 뒤쫓았습니다. 청년들은 경관의 집요한 추적을 피해 변전소로 숨어들었다가, 그곳에서 2명이 감전사하고 1명이 중상을 입게 됩니다. 이 소식을 듣고 분노한 이민자들이 그날 밤부터 소방서와 경찰서에 돌을 던지고 차량을 불태우는 등 폭동을 일으킵니다. 단 하루 만에 9,000~1만 대의 차량이 불에 탔다고 하니 상당히 큰 규모였음에 틀림없습니다.

우치다 타츠루(이하 우치다) 당시 프랑스 내무부장관이 니콜라 사르코지Nicolas Sarkozy입니다. 그는 프랑스 전역에 비상사태를 선언하고 기동대를 투입하는 등 강경한 치안 유지 조치를 취했지요. 몹시 긴박한 상황이었습니다.

강 　　　　네. 사르코지는 파리 외곽에 사는 이민자 젊은이들을 '사회의 쓰레기'라 불러서 그들의 반감을 샀습니다. 저는 폭동이 일어난 배경을 취재하기 위해 NHK 프로그램 제작진과 함께 파리로 갔습니다. 방송국 스태프들과 파리에서 차로 한 시간 정도 떨어진 이민자 거주 지역으로 들어갔는데요, 1960~70년대에 긴축된 고층 주택들이 노후하여 지역 전체가 게토화되어 있었습니다. 낡디낡은 10층 건물에 이민자와 그들의 2, 3세 젊은이들, 아이들이 살고 있었습니다. 이민자 출신 중에서도 가장 빈곤한 계층이 거주하는 슬럼화된 고층 단지가 줄지어 있었습니다.

바로 그곳에서 폭동의 발단이 된 사건이 일어났습니다. 우리는 사건 당일에 무슨 일이 있었는지부터 취재했습니다. 그날 십대 청소년 몇 명이 축구시합을 하고 돌아가는 길에 갑자기 경관이 들이닥쳐 폭력적으로 검문을 했다고 합니다. 경찰은 평소에도 그들을 곱게 보지 않았다고 하니, 종종 폭언과 폭력을 행사했던 것 같습니다. 아이들은 경찰의 횡포를 피해 도망치기 시작했고, 몸을 피해 숨은 곳이 바로 변전소였습니다. 여기서 비극이 발생했습니다. 폭동은 바이러스처럼 프랑스 전역으로 번졌습니다. 저는 이민자들이 사는 게토를 직접 눈으로 본 뒤 폭동의 배경을 피부로 실감할 수 있었습니다.

9·11 이후 증가한 테러

강   한 번은 게토 지역의 건물에 들어갔다가 갑자기 맥주병이 날아와서 밖으로 도망치기도 했습니다. 그곳의 주민들을 인터뷰하는데, 14살 남자아이가 자기는 프랑스에서 태어나 프랑스어밖에 못 하고 아버지와 어머니의 나라도 모르고 이슬람과는 전혀 상관이 없는데도, 단지 이 지역에 산다는 이유로 모두에게 백안시당한다고 이야기하더군요. 아이는 이 동네를 떠나 다른 곳으로 가고 싶지만 무서워서 갈 수 없다며 울먹였습니다.

이민자 2, 3세 아이들의 이야기를 듣고 저는 많은 생각을 하게 되었습니다. 이 지역에는 '이민자'라는 말 한마디로 묶기에는 배경이 서로 다른, 아프리카, 인도, 아시아 출신

등 다양한 지역에서 건너온 사람들이 살고 있습니다. 그 중에는 알제리나 모로코에서 온 마그레브(북아프리카)계 아랍인이 가장 많습니다. 당시 이들의 실업률은 평균 30퍼센트 정도, 어떤 곳에서는 40퍼센트에 달하기도 했습니다.

우리는 마그레브계가 많이 다니는 학교를 취재했습니다. 그 학교에서는 이른바 토박이 프랑스인 교사들이 이민 2, 3세 학생들을 어떻게든 사회의 상부로, 조금 더 안전한 곳으로 올려 보내려고 노력하고 있었습니다. 교사들은 프랑스의 자유, 평등, 박애는 이제 종잇장에 쓰인 이야기일 뿐이며, 자신들이 보기에도 프랑스 시회는 질망적이라고 했습니다. 마그레브계는 소르본대학을 나왔어도 직업소개소에 전화해 이름을 말하는 순간 상대방이 전화를 끊어버린다고 하더군요. 이게 프랑스의 현실입니다.

이런 상황에서 폭동이 일어났습니다. 파리 테러 사건을 포함하여 프랑스에서 일어난 폭동이나 테러에는 미국의 9·11과는 다른 무언가가 있습니다. 가장 큰 차이는 프랑스에서 발생한 테러는 바깥으로부터의 공격이라기보다는 그 사회에서 나고 자란 '홈그라운드 테러리스트'에 의한 것이라는 점입니다.

검찰의 발표에 따르면 테러리스트의 은신처에서 사살한

"

프랑스에서 일어난 폭동이나 테러에는
미국의 9·11과는 다른 무언가가 있다.
가장 큰 차이는 프랑스에서 발생한
테러는 바깥으로부터의 공격이라기보다는
그 사회에서 나고 자란 '홈그라운드
테러리스트'에 의한 것이라는 점이다.

"

용의자 중 1명이 모로코계 벨기에인이며, 그가 IS의 지시를 받아 테러를 실행했다고 합니다. IS가 프랑스에 사는 과격파 이민자를 어떻게 선동했는지 구체적 정황은 아직 밝혀지지 않았습니다. 다만 인민주권과 민주주의, 그리고 인권과 시민권, 그중에서도 자유를 국가의 기본 원리로 하는 프랑스가 IS의 저주의 대상이 되었다는 점은 분명합니다. 이에 관해서는 '민족이란 무엇인가', '국가란 무엇인가'라는 문제를 계속해서 질문하고 식민지주의와의 투쟁에 인생을 바친 프란츠 파농Frantz Fanon이 만들어낸 '대지의 저주받은 자들'이라는 이미지가 있습니다.

국가로부터 버림받은 이민자 출신들은 어쩌다 테러 예비군, 자폭 예비군이 된 것일까요? 근본 원인에 대한 고려 없이, 단지 IS가 지배하는 지역에 공중폭격을 가하는 방식으로는 결코 테러 문제를 해결할 수 없습니다. 해결은커녕 점점 진흙탕 속으로 빠져든다는 인상을 받았습니다.

일설에 의하면 9·11 이후 15년 동안 전 세계에서 테러가 몇십 배나 증가했다고 합니다. 저도 앞으로 테러가 빈발할지도 모른다는 불길한 예감이 듭니다. 우치다 씨는 이 상황을 어떻게 보는지 궁금합니다.

1장

액상화하는 국민국가와
테러리즘

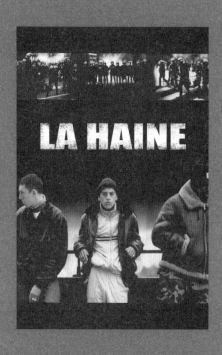

마티유 카소비츠 감독의 영화
〈증오〉(1995, 프랑스) 포스터.

기회를 박탈당한 이민계 청년들

우치다　　　　프랑스에서 테러가 일어난 직후, 저는 '자유와 민주주의를 위한 간사이 학생 긴급행동SEALDs KANSAI(Students Emergency Action for Liberal Democracy-s KANSAI)' 소속 학생들과 대담회를 가졌습니다. 프랑스의 테러를 어떻게 생각하는지에 관한 질문에, 저는 프랑스 사람들은 '언젠가 이런 일이 일어날 줄 알았다'고 각오하고 있었을 것이라 대답했습니다.

앞에서 강상중 씨가 한 말처럼 프랑스에는 500만 명, 즉 인구의 10퍼센트에 해당하는 이슬람계 이민자가 있습니다. 그리고 이 500만의 시민이 프랑스 사회에 적절하게 통합되지 못했습니다. 파리 외곽에는 방리유banlieue라 불리는 거대한 슬럼이 있는데, 이슬람계 시민들은 그곳에 갇혀 있습니다. 거기서 태어난 이민자의 아이들은 사회적 상승의 기회를 제도적으로 박탈당했습니다.

강　　　　　　그렇습니다. 위로 올라갈 기회가 전혀 없습니다.

우치다　　　　예전에 방리유의 한 중학교에서 근무

하는 프랑스 여성과 이야기를 나누던 중에 방리유를 무대로 한 마티유 카소비츠Mathieu Kassovitz 감독의 영화 〈증오〉(1995, 프랑스)와 〈암살자〉(1997, 프랑스/독일)가 화두가 되었습니다. 〈증오〉는 이민계 청년들의 일상을 다큐멘터리 형식으로 찍은 작품입니다. 영화는 사회적으로 배제된 청년들이 점점 흉포한 범죄를 저지르는 모습을 따라갑니다.

저는 방리유의 현실이 영화 〈증오〉의 묘사와 정말로 비슷한지 궁금했습니다. 그녀는 영화의 촬영지가 자신의 학교 바로 근처였으며, 그곳 공립학교의 실상은 영화와 거의 똑같다고 알려주었습니다. 그녀의 말에 따르면 방리유에는 문화 시설이 전혀 없다고 합니다. 미술관도 도서관도 없고, 콘서트홀도 없습니다. 서점과 영화관도 전무합니다. 방리유에서 태어난 아이들에게는 문화자본을 획득할 기회가 제도적으로 주어지지 않은 것이지요.

강   저도 그렇게 느꼈습니다.

우치다   프랑스는 계층사회인데요, 각 계층 간의 차이는 바로 문화자본의 차이에서 비롯됩니다. 프랑스의 사회학자 피에르 부르디외Pierre Bourdieu가 『구별짓

계층사회의 악랄함은 차별구조에 있다.
문화자본이 없는 젊은이들에게는 그 힘을
손에 넣기 위한 '경주'에 참가할 수 있는
자격 자체가 주어지지 않는다.

기『La Distinction』에서 분석한 것처럼 계층 간의 차이는 교양과 매너, 미술적 감수성, 말투 등에서 드러납니다. 안타깝게도 문화자본은 성인이 된 후에 배워서 체득할 수 있는 성질이 아닙니다. 어디에서 태어나 어떻게 자랐는지에 따라 결정됩니다. 이런 면에서 방리유에서 나고 자란 이민자의 아이들은 문화자본을 획득할 기회로부터 배제되어 있다고 하겠습니다. 공부를 잘하는 아이라면 장학금을 받아서 대학에는 갈 수 있지만, 단지 학력만으로는 문화자본의 차이를 극복할 수 없습니다. 프루스트를 읽은 적이 없고 드뷔시를 연주할 수 없으며 그림을 감정할 줄도 모릅니다. 좋은 와인을 감별할 수도 없고, 스키를 타거나 테니스를 칠 줄도 모릅니다. 이들은 프랑스 같은 계층사회에서 큰 손해를 보고 있습니다. 계층사회의 악랄함은 차별구조에 있습니다. 문화자본이 없는 젊은이들에게는 정치권력과 경제력뿐만 아니라, 아예 그 힘을 손에 넣기 위한 '경주'에 참가할 수 있는 자격 자체가 주어지지 않지요.

극심한 식민지 수탈과 그로 인한 빚

우치다　　　프랑스는 자유, 평등, 박애를 사회의 기본 원리로 내걸고 있습니다. 학교 교육은 대체로 무상입니다. 표면적으로는 사회적 상승의 기회가 모든 국민에게 평등한 것처럼 보입니다. 하지만 현실은 그렇지 않습니다. 문화자본을 획득할 수 없는 환경에 던져진 아이들에게는 실질적 상승의 기회가 차단됩니다. 프랑스인들은 프랑스 사회가 이런 구조라는 사실을 알아요. 사회가 차별을 재생산하는 시스템임을 알고, 그 '병을 자각'하고 있습니다. 스스로 알고 있기 때문에 또 불편해합니다. 보세요, 〈증오〉 같은 영화를 만들잖아요.

어디 그뿐인가요. 프랑스 정부가 방리유에 이민자들의 범죄집단이 있다는 이유로 미사일을 쏘려다가 반격을 당한다는 내용의 〈얼티밋〉(2004, 2009, 프랑스) 같은 액션 영화도 있습니다. 관객은 계급 차별을 주제로 다룬 영화를 오락으로 소비합니다. 그러니까 테러가 일어났을 때 '우리는 이민자에게 나쁜 짓은 하지 않았는데 일방적으로 공격당하고 있어. 도대체 이유를 모르겠어'라며 무고한 피해자 흉내를 낼 수는 없습니다.

강   그렇군요. 아마도 많은 프랑스인이 이 사태에서 지금껏 해온 일의 외상 청구서를 돌려받은 듯한 기분을 느꼈으리라 생각합니다.

우치다   1차 세계대전 이후 프랑스와 영국은 중동을 식민 지배했습니다. 과연 그들이 식민지가 정치적, 경제적으로 자립할 수 있도록 그곳의 사회 인프라를 정비했을까요? 식민지에 행정, 사법, 의료, 학교 같은 제도 자본을 세우기 위해 자원을 투자했을까요? 이 질문에 당당하게 '예스'라고 대답할 수 있는 구 종주국민은 어디에도 없다고 봅니다. 중동에 '파탄국가failed state'(정부가 통치 능력을 상실하여 일체성을 유지하기 힘든 국가. 파탄국가에서는 흔히 내전이나 학살, 심각한 기아, 질병, 대량의 난민 등이 발생한다-옮긴이)가 출현한 이유도, 중동 사람들의 마음속에 서구에 대한 불신과 증오를 심어놓은 나라도 영국과 프랑스를 비롯한 제국주의 열강입니다.

프랑스는 지금도 시리아를 제 나라의 세력권이라 여길 거예요. 석유와 관련된 이권을 포함해 다양한 비즈니스 권리를 유지하고 있습니다. 그러니 당연하다는 듯이 폭격기를 날려 보냅니다. 마치 식민지 종주국인 양 행동하는 것이지요. 설마 이래 놓고 '우리는 누구에게도 원한을 살 일은 하지 않았다'고 여기지는 않겠지요.

강   시리아가 독립한 뒤에도 프랑스 사람
들의 식민지 의식은 100년 동안 이어져왔군요.

우치다   100년 전에 저지른 일의 인과응보입니
다. 2016년은 서구 열강이 자기들 멋대로 오스만제국령
을 분할한 사이크스피코협정(1916년 오스만제국령 분할을 위
해 영국, 프랑스, 러시아가 맺은 비밀 협정)을 맺은 지 딱 100년
이 되는 해입니다. 여러 제국이 자의적으로 국경을 그은
곳에서는 결코 근대적 국민국가가 형성되지 못했습니다.
분할할 때는 100년쯤 지나면 그곳에도 나름의 리얼리티
가 만들어질 줄 알았겠지요. 하지만 100년이 지나도록
뿌리를 내리지 못했습니다. 의식이 있는 프랑스인이라면
이 역사적 실패에 대해 죄책감을 느끼리라고 봅니다.
사실 프랑스인들은 얼마간의 죄의식을 갖고 있습니다.
하지만 테러를 당하는 건 싫다는 게 본심입니다. 그렇기
때문에 현재 프랑스 지식인들은 몹시 애매한 입장을 취
합니다. 무슨 일이 있어도 피하고 싶은 테러를 만들어낸
것이 바로 자기 자신이기 때문입니다. 인구의 10퍼센트
에 달하는 무슬림을 배제하고 그들의 민족정체성을 부정

했으며 사회적 통합의 길을 막아버렸습니다. '프랑스 사회에 설 자리가 없는' 사람들을 수도 없이 만들어내는 한, '테러 근절'을 아무리 외쳐봤자 테러가 없어지지 않으리라는 점은 조금만 생각해봐도 알 수 있습니다.

앞으로도 중근동 지역에서 몇십만 명 단위의 난민과 이민이 유럽으로 흘러올 것입니다. 그들을 수용하면서 사회질서를 유지하는 일은 지금까지의 방식으로는 불가능합니다. 정교분리의 원칙을 철회하고 공적으로도 종교에 대한 관용의 태도를 보여야 한다고 생각합니다.

강　　　　그렇게 하지 않을 수 없겠지요.

우치다　　　　프랑스 사람들에게 정교분리의 원칙은 근대 시민혁명의 '자랑스러운 성과' 중 하나입니다. 하지만 이 원칙은 가톨릭이 정치에 너무 깊이 관여하고 있던 특수한 상황에서 '그나마 나은 답'으로 선택된 것입니다. 이 한계 때문에 정교분리는 모든 상황에서의 최선책이 될 수 없습니다. 이것은 역사를 초월하는 범용성을 담보하지 않습니다. 오늘날 프랑스가 처한 상황은 19세기의 프랑스와 다릅니다. 종교를 '사적 영역'에 가둬두고 공적 장면에는 등장시키지 않는다는 억제가 '사회정의'였던 시대는 이미 역사의 저편이 되었습니다. '종교적 관용'의 원칙에서 한 발 더 나아가서, 시민들 각각의 종교적 신념을 공적 상황에서도 관철할 수 있는 권리를 보장하지 않는다면 이 대립은 진정되지 않을 것입니다.

"우리에게 종교는 사적 행위이며, 따라서 우리는 종교적 신념을 공적 행위에 개입시키지 않는다. 하지만 당신들이 '우리의 종교는 사적이지 않으며 공적 생활에서도 신앙에 준거하여 행동하고 싶다'라고 한다면 나는 그걸 받아들이겠다"라는 지점까지 프랑스가 양보해야 하지 않을까요. 여러 종교가 한 나라 안에서 공생할 수 있음을 프랑스가 증명해 보여야 하지 않을까요.

사회의 호스트이자 그 사회의 자원을 독점하고 있으며 지도층을 형성하고 있는 이들이 먼저 타자에 대해 관용과 환대를 보여야 합니다. '우리만 양보하는 것은 평등이 아니다. 우리가 양보하면 그쪽도 양보하라'와 같은, 마치 평등주의처럼 보이는 논리를 내세우는 사람이 있을지도 모릅니다. 하지만 내가 먼저 양보한다는 비대칭적 태도가 없으면 '공생의 원리'는 실체화될 수 없습니다. 오히려 타자를 더 관용하는 쪽이 공생의 장을 주재할 수 있습니다. 기독교에서도 그렇게 가르치지 않습니까. 프랑스 사람들이 이를 이해하지 못한다면 무슬림과의 공존은 어려울 것입니다.

강　　　　　그런데 프랑스가 지금 이야기한 방향
으로 선회할 가능성이 있다고 보십니까?

우치다　　　　아니오. 안타깝게도 그럴 기미가 보이
지 않습니다. 19세기 말에 있었던 드레퓌스 사건을 기억
하십니까.

강　　　　　1894년 프랑스 군인이자 유대인인 드
레퓌스Alfred Dreyfus 대위가 독일의 스파이 혐의로 체포
되어 군사재판에서 종신형을 선고받은 프랑스 역사상 가
장 큰 오심이었지요. 에밀 졸라Emile Zola가 「나는 고발한
다J'Accuse…!」라는 제목으로 드레퓌스 대위의 결백함을
호소하며 대통령에게 보내는 공개 서한을 신문에 발표한
일화도 있습니다. 드레퓌스의 무죄가 공식적으로 인정되
고 그의 명예가 회복되기까지는 10년 이상의 시간이 걸
렸습니다.

우치다　　　　박해의 대상이 된 유대인들은 동유럽
이나 러시아에서 온 이민자였습니다. 종교가 다른 이민

자 집단을 향한 조직적 박해라는 점에서는 지금 프랑스 사회에서 일어나는 문제와 동일합니다. 하지만 19세기의 프랑스 사람들은 자력으로 이 문제를 해결했습니다. 에밀 졸라를 비롯한 지식인들이 프랑스 시민혁명의 원리에 기반하여 동포인 유대인의 인권을 지켰습니다.

당시 드레퓌스파 프랑스 지식인들의 글은 정말 깔끔합니다. 비비 꼬인 수사 없이 근대 시민혁명의 이상을 당당하게 웅변하고, 깔끔한 논리와 품격 있는 언어로 박해받는 소수자의 권리를 지키고자 했습니다. 아주 훌륭했어요.

오늘날 프랑스에서는 드레퓌스 사건 때처럼 당당한 논리를 펴는 지식인을 찾을 수 없습니다. 그들이 하는 말을 듣고 있으면 어금니 사이에 무언가가 낀 것 같은 기분이 듭니다. 그들은 논리를 이리저리 복잡하게 꼬아서 결국에는 무슨 말인지 알아들을 수 없게 만듭니다. 정부를 상대로 얼굴을 똑바로 치켜들고 무슬림의 인권을 지키라고 당당하게 요구하는 지식인은 보이지 않습니다.

이 모습을 보면서 '이제 프랑스도 약해졌구나' 싶었습니다. 누가 뭐래도 프랑스는 18~19세기에 '인권을 위해 싸운 선진 국가' 아니겠습니까. 프랑스는 근대 시민혁명의 기수이자 그 싸움에서 높은 승률을 기록했습니다. 그에 대한 자존심을 전 국민이 공유하고 있을 터입니다. 하지만 최근 100년을 보면, 미안하지만 이제 그 간판을 내릴 때가 되지 않았나 싶습니다.

패전국으로서 자아비판을 하지 않았기에

우치다　　　　드레퓌스 사건 이후 프랑스의 자랑할 만한 실적은 2차 세계대전 시절 비시 정부하에서 벌인 레지스탕스 활동뿐입니다. 이후 70년간 프랑스에서는 세계에 자랑할 만한 정치문화가 등장하지 못했습니다. 1968년 5월혁명의 의의에 관하여 물어본들, '글쎄…'라며 말꼬리를 흐리는 사람이 대부분입니다.

왜 현대 프랑스 지식인들은 드레퓌스 사건 때나 혹은 레지스탕스 때 보여준 당당한 태도와 논리정연한 발언을 하지 못하게 된 것일까요? 저는 그 이유를 1930년대 이후 프랑스에서는 자신들의 정치 경험에 대한 자아비판이 부재했기 때문이라고 생각합니다. 스스로 저지른 실패와 죄과를 냉정하게 음미할 때 지성의 명석함, 비평의 분명함이 담보됩니다. 요즘 프랑스 지식인의 지성 활동이 지지부진한 이유는 자아비판이 충분하지 않았기 때문이 아닐까요.

어떤 정부라도 실패를 겪기 마련입니다. 실패를 피하기란 정말로 힘이 듭니다. 그때 정부는 '우리가 이런 몹쓸 짓을 했다'고 냉정하게 스스로를 비판해야 합니다. 도대체 어디서부터 잘못된 길에 들어섰는지, 정책을 잘못 선택한 탓인지 혹은 제도에 흠이 있었기 때문인지를 사후에 치밀하게 되돌아본다면 같은 실패를 반복하지 않을 수 있습니다. 그뿐만이 아닙니다. 지성 또한 높은 수준으로 유지할 수 있습니다.

자국의 실패를 꼽아보고 그 원인을 규명하는 일은 항상 심각한 방해를 받기 마련입니다. 왜냐하면 실패를 책임져야 하는 사람이 그 책임을 교묘하게 감춘 채 '다음 체제'의 지도층으로 숨어들기 때문입니다. 그들은 '이미 끝난 일을 이제 와서 어쩌겠는가. 과거를 파헤친들 잃어버린 것이 돌아오지는 않는다. 따라서 우리는 과거보다는 미래의 희망에 관해 이야기해야 한다'라고 말합니다. '반드시'라고 할 수 있을 정도로요. 얼핏 보면 관용적이고 미래 지향적으로 보입니다. 사람들은 쉽게 고개를 끄덕이며 받아들이지요. 하지만 이런 상황은 정말 위험합니다. 실패를 음미하는 습관을 잃어버리는 순간 지성은 둔감해지기 시작합니다.

지식인의 지성은 타자의 결점을 지적하는 날카로운 혀에

서 나온다고 오해하는 사람이 많습니다만, 그렇지 않습니다. 지성은 자기가 범한 죄과와 실패의 유래를, 또한 그 진행 과정을 명쾌하게 설명할 수 있는지에 따라 판정됩니다. 어느 지식인이 자신의 실패를 명확하고 분명한 언어로 설명할 수 있다면 그의 지성은 다른 문제에서도 적절하게 기능할 가능성이 높습니다. 하지만 전후 프랑스 지식인 집단은 그 책무를 게을리했습니다.

그들의 가장 큰 죄는 '프랑스가 패전국'이라는 사실을 은폐한 일입니다. 나중에 또 말씀드리겠지만 프랑스는 비시 정부 아래에서 실질적 전범국이었으며 독일 나치에 협력했습니다. 하지만 그들은 이 사실을 철저하게 숨겼습니다. 전쟁이 끝난 후 프랑스는 마치 자신들이 승전국이라도 된 양 국제사회에 얼굴을 들이밀었습니다. 그리고 국제연합의 상임이사국이 되었지요. 원래대로라면 '우리는 그런 당당한 자리에 앉을 권리가 없습니다'라며 부끄러워했어야 합니다.

강　　　　　아무도 프랑스가 패전국이라고 생각하지 않았어요.

우치다　　　　2차 세계대전의 '패전에 대한 자아비

"

스스로 저지른 실패와 죄과를 냉정하게
음미할 때 지성의 명석함, 비평의 분명함이
담보된다. 반대로 실패를 돌아보지 않는
순간 지성은 쇠퇴한다.

"

판'에 성공한 나라가 없었던 것이 그 이유가 아닐까요. 프랑스에 책임을 물을 수 있을 만큼 '패전에 대한 자아비판'을 제대로 한 나라가 없었으니까요.

1940년에 독일이 프랑스를 침공하자마자 마지노선(프랑스가 독일과의 국경을 따라 설치한 대독 방어선)이 붕괴되었습니다. 당시 프랑스 원수였던 페탱Henri Philippe Pétain은 곧바로 독불휴전협정을 맺습니다. 그 결과 프랑스의 북쪽 반은 독일의 직접통치에, 남쪽 반은 페탱이 인솔하는 비시 정부 아래에 속하게 됩니다. 제3공화국 의회는 원수 페탱에게 헌법제정권을 위임하면서 자멸해버립니다. 이후 비시 정부는 연합국에 선전포고는 하지 않았지만 대량의 노동자를 독일로 보내 군수산업을 떠받쳤으며 병참활동을 지원했습니다. 국내에서는 레지스탕스를 탄압했으며 조직적으로 유대인을 적발해 아우슈비츠로 보냈습니다. 그러니까 프랑스는 사실상 전범국입니다.

강　　　　프랑스는 이 사실을 은폐하고 싶을 거예요. 600만 명의 유대인을 살육한 나치와 동류로 보이기는 죽기보다 싫었을 테니까요.

우치다　　　프랑스는 비시 정부가 한 일에 관한 역사적 기억을 말살하고 있습니다. 정치학자 시라이 사토시白井聡의 말을 빌리면 이는 바로 '패전의 부인'입니다. 비시 정부가 무슨 일을 했는지, 누가 정책 결정에 관여했는지, 어떤 방식으로 정책이 시행되었는지, 그리고 누가 그 정책에 협력했는지 같은 문제가 1980년대 중반까지 40여 년간 언급되지 않았습니다. 비시 정부에 대한 역사적 연구 자체가 존재하지 않았던 것입니다.

1980년대에 이르러서야 캐나다와 이스라엘 등 해외의 역사학자들이 남겨진 사료를 겨우 구해서 당시의 사실을 추적하기 시작했습니다. 프랑스 안에서 비시 정부에 대한 역사적 구명을 한 예는 1981년 베르나르 앙리 레비Bernard Henri Lévy의 『프랑스 이데올로기Idéologie française』가 아마도 처음입니다. 그때도 사람들은 '어째서 오래된 상처를 헤집어 소금을 뿌리느냐. 프랑스인이 잊으려는데 왜 지금 와서 딱지를 떼서 아프게 하느냐'고 레비를 비판했습니다. 그 정도로 심리적 저항이 거셌습니다.

드레퓌스를 옹호했던 지식인이라면 수치스러운 전쟁범죄에 가담한 나라는 승전국을 사칭해서도 안 되고 국제연합의 상임이사국이 될 윤리적 권리도 없다고, 더 이상 부끄러운 짓을 하지 말라고 말했을 거예요. 하지만 제가 아는 한 전후 프랑스에는 이런 말을 한 사람이 단 1명도 없습니다. '우리 손은 더럽혀졌다'고 단언한 지식인이 있었다면 그 손이 왜 더러워졌는지, 어떻게 해야 깨끗이 씻을 수 있을지 같은 일련의 질문을 국민적 과제로 만들었을 테지요. 이런 움직임에 찬동하여 프랑스의 '실패'를 검증하는 국민적 운동이 일어났을 수도 있습니다.

그랬다면 프랑스는 좀 더 '괜찮은 나라'가 되지 않았을까요. 알제리전쟁과 베트남전쟁이 실제와 다른 방향으로 전개되었을지도 모릅니다. 전후 프랑스가 잘못된 길을 걸은 이유는 전쟁범죄와 패전 사실을 은폐하고 자신들의 손은 '깨끗하다'고 억지를 쓰며 국민적 자기기만을 연기한 데서 유래하지 않았을까요.

강　　　　　프랑스가 리버럴한 말을 한들 형식적일 뿐이었군요. 그 말에 설득력이 없으니까요. 또 그런 말을 듣는 쪽에서도 '잘난 척하면서 그럴듯한 말을 해도, 사실 프랑스인은…'이라는 생각이 들어서 곧이곧대로 받아들일 수가 없겠네요.

우치다　　　　드레퓌스 사건 때 프랑스 지식인들이 쓴 글은 정말로 명쾌합니다. 직설적이라 속이 다 후련해집니다. 하지만 현재 프랑스 지식인들의 글을 보면 정치적 성향이 리버럴하든 보수적이든 정말 읽기가 어려워요. 그 글을 읽으면 "그러니까 도대체 무슨 말을 하고 싶은 거야!"라고 분통을 터뜨릴 정도입니다. 지식인들이 집단적으로 난해한 문체를 구사하고 있습니다.

프랑스 지식인들이 조직적으로 대중이 읽기 힘든 글을 쓰게 된 것은 1960년대 구조주의 시대부터랄까요. 언젠가부터 프랑스 지식인의 글은 '무슨 말을 하는지 알 수 없는' 기괴한 문체가 되었습니다. 저는 어렸을 때 그 이유가 궁금했습니다. 머리 좋은 사람들은 원래부터 이런 식으로 어렵게 쓰는지, 아니면 지금 유행하는 글쓰기 스타일인지, 그렇다면 나도 이런 문체를 배워야 하는지…. 이런 생각을 하면서 닥치는 대로 읽었습니다.

하지만 지금 생각해보면 그런 이유가 아니었던 겁니다. 프랑스 지식인이 깔끔하고 논리적으로 군더더기 없는 글을 쓸 수 없게 된 이유는 '패전 부인'의 후유증이었던 셈이지요. 자기 생각을 숨김없이 다른 이에게 드러내는 투명한 언어를 사용하여 시국을 논할 수 있는 사람이 없습니다. 여러 의미를 이중 삼중으로 겹쳐 쓰고 독자를 잘못된 방향으로 이끄는 기술만 숙달되어, '정말로 하고 싶은 말'은 숨겨놓은 채 비비 꼬인 글만 쓰고 있습니다. 에밀 졸라나 쥘 미슐레Jules Michelet, 빅토르 위고Victor Hugo처럼 품격과 깊이가 있으면서도 알기 쉬운 말로 국가와 역사에 관해 논하는 사람이 프랑스에는 없습니다.

샤를리 에브도 충격 사건 때도 그랬지만, 이번 프랑스 테러 이후에도 이 사건에 대해 국제적으로 통용될 만한 견해를 피력한 프랑스 지식인은 없었습니다. 장 폴 사르트르Jean Paul Sartre나 알베르 카뮈Albert Camus처럼 개인의 지성을 걸고 천하와 국가를 논하던 이들이 사라지고 어려운 말을 늘어놓는 사람만 남았습니다. 그들은 프랑스 국민을 상대로 현란한 수사를 구사하지요. 우리 같은 외국인은 그들의 말을 더욱 이해하기 어렵습니다.

강　　　　프랑스 내부 사정을 듣고 보니 우리가 프랑스에 대해 가졌던 이미지가 얼마나 단편적이었는지 알겠습니다. 모두 자유와 평등의 나라라고 생각하잖아요.

우치다　　　　프랑스의 인구학자인 엠마뉘엘 토드 Emmanuel Todd는 『샤를리는 누구인가?Qui est Charlie?』라는 책에서 19세기 말의 반드레퓌스파, 2차 세계대전 시기의 비시 정부 지지파, 그리고 지금 '내가 샤를리다' 시위의 참가자들이 계층적으로 겹친다고 말합니다. 과연 어디까지 신용할 수 있는 이이야기인지는 모르지만, 청산되지 못한 '프랑스의 어두운 그늘'이 드레퓌스 사건 이후에도 여전히 남아, 결국에는 '프랑스의 밝은 부분'을 압도하게 되었다는 가설은 음미해볼 만합니다.

강　　　　반유대주의, 반이민주의 같은 배외주의 성향을 가진 계층이 오늘날에도 면면히 이어지고 있군요.

면면히 이어지는 프랑스 극우주의

강　　　　2005년에 프랑스 폭동을 취재하러 프랑스에 갔을 때 극우정당 '국민전선'의 전 총재 장 마리 르펜Jean-Marie Le Pen을 인터뷰한 적이 있습니다. 1시간 정도요.

우치다　　　그러셨습니까.

강　　　　그의 저택에 갔더니….

우치다　　　저택에 사는군요. (웃음)

강　　　　　네. 그 집은 루이 보나파르트Louis Na-
poléon Bonaparte의 부인의 집이었는데, 르 펜이 기증받았
다고 하더군요. 파리 전체가 한눈에 들어오는 전망 좋은
곳에 자리 잡고 있었습니다.

우치다　　　르 펜에게 심취한 부자가 선물했나 봐요.

강　　　　　아마도요. 르 펜은 저택에서 파리를 내
려다보면서 두 손으로 도시를 꽉 쥐는 과장된 행동을 하
더군요. 그는 알제(알제리의 수도)에서 독립운동을 탄압하
던 때의 사진을 자랑하듯이 제게 보여주었습니다.

우치다　　　네? 탄압할 때의 사진을 말입니까? 시
위대를 무력으로 진압하는⋯.

강　　　　　그렇게 잔인한 사진은 아니었어요. 제
기억으로는 군복을 입은 사진이 많았습니다. 그때 알게
된 거지만, 르 펜은 알제리전쟁(1954~62)에 참전했어요.
겉으로는 온화해 보이지만 속은 엄청나게 폭력적인 인종
차별주의자입니다. 그를 포함해서 유럽의 극우는 인종차
별주의로 똘똘 뭉쳐 있습니다. 그들은 이민 2, 3세들이 프

랑스 사회의 오점, 쓰레기라고 믿어 의심치 않아요. 썩은 사과라 생각해요. 프랑스라는 상자에 든 사과들 가운데 하나만 썩어도 다 썩어버리게 되니 빨리 꺼내서 버려야 한다는 거지요. 그 논리는 2차 세계대전 당시의 반유대주의와 닮았습니다.

인터뷰의 마지막에 그가 한 말은 참으로 놀라웠습니다. "이 나라를 프랑스인에게! 그렇지 않다면 죽음을!"이라고 하더군요. 그러니까 프랑스인 이외에는 필요 없다는 이야기인데… 기가 막혀서 말이 나오지 않았습니다.

우치다　　　그 말은 배외주의자들이 가장 좋아하는 말이에요.

강　　　우치다 씨도 잘 알듯이, 2011년 르 펜의 셋째 딸 마린 르 펜Marine Le Pen이 국민전선의 새 총재가 되었습니다. 그녀는 철저한 반유대주의자인 아버지와 사이가 좋지 않다고 합니다. 마린 르 펜이 온건 노선을 취하면 아버지 르 펜이 반유대주의적 망언을 남발하며 딸을 막아섭니다. 결국 마린 르 펜 쪽에서 한계를 느끼고 아버지 르 펜을 당에서 퇴출시켰습니다. 다만 비시 정부에 대한 평가에 관해서는, 우치다 씨의 이야기처럼 프랑스인의 위신이 걸린 문제이므로 마린 르 펜도 가능한 한 말을 아끼고 있습니다.

2015년 11월 파리 동시다발 테러를 겪은 후 치른 12월 선거(프랑스 주의회의원선거로 비례대표제와 결선투표제 형식이다)에서는 국민전선이 반이민주의 슬로건을 내걸고 광역권에서 제법 많은 표를 획득했습니다.

우치다　　　28퍼센트였습니다.

강　　　국민전선이 제1당이 되고 현 총재인 마린 르 펜이 대통령이 될 가능성도 있나요?

우치다　　　그렇게 되면 미셸 우엘벡Michel Houelle-becq의 『복종Soumission』이 현실화되는 것이지요. 『복종』은 '근미래 SF소설'이에요. 정치적, 사상적으로 퇴보한 오늘날 프랑스의 현실을 정확하게 꼬집어내는 아주 대단한 작품입니다.

소설에서는 2011년 프랑스 대통령 선거 결선투표에서 '이민자 배척'을 내건 국민전선의 총재 마린 르 펜과 이슬람동포당의 총재가 맞붙습니다. 극우보다 차라리 이슬람 정당이 낫다는 생각에 사회당이 이슬람동포당과 연합

유럽의 극우는 인종차별주의로 똘똘
뭉쳐 있다. 그들은 이민자들이 프랑스
사회의 오점이라고 믿는다. 그 논리는 2차
세계대전 당시의 반유대주의와 닮았다.

하는데요, 세세한 묘사가 아주 리얼해서 소설이라는 느낌이 들지 않을 정도입니다.

강   파시스트 정권이냐 이슬람 정권이냐, 둘을 놓고 선택을 해야 하는 상황이 프랑스 국민들 앞에 닥치는군요. 재밌네요. 누가 이깁니까?

우치다   프랑스에 무슬림 대통령이 출현합니다.

강   소설에서는 이슬람주의자를 선택하는군요. 오늘날 프랑스 국민이 심각한 이슬람공포증에 빠져 있는 걸 보면, 우엘벡은 꽤나 시니컬한 사람이군요.

우치다   최근에 국민전선이 의회선거 1차 투표에서 1위를 했습니다. 2차 투표 때, 다른 정당들이 합종연횡을 하여 단일후보를 내어 국민전선이 제1당이 되는 상황을 겨우 막았어요. 이 소설의 현실성은 이런 합종연횡의 구조를 바탕으로 하고 있습니다. 1차 투표에서 제1당이 된 국민전선에 대항하여 2위, 3위가 연합하는 장면이 현실에서 고스란히 재연되었어요. 만약에 2위가 이슬람 정당이었다면 그 총재가 대통령이 되었을 가능성도 충분합니다.

프랑스에서 국민전선 같은 극우정당이 이렇게까지 지지를 받는다는 사실에 일본의 미디어는 거의 관심을 보이지 않습니다. 프랑스는 자유·평등·박애라는 '겉으로 드러난 얼굴' 뒤에 언제나 파시즘과 반유대주의와 이민자 배척이라는 폭력적 얼굴을 감추고 있지요.

강　　　　　참 오래 이어지고 있군요.

우치다　　　　프랑스는 파시즘의 발상지이기도 합니다. 르 펜이 '라 프랑스 오 프랑세즈La France aux Français', 즉 '프랑스를 프랑스인 손에'라고 말했다고 하셨죠. 이말은 반유대주의자들이 애용한 슬로건입니다.

19세기 말에 '반유대주의의 아버지'라 불리는 에두아르 드뤼몽Edouard Drumont이라는 정치사상가가 있었습니다. '프랑스를 프랑스인 손에'는 그가 발행하던 『라 리브레 빠롤La Libre Parole(자유공론)』이라는 신문의 머릿글이었습니다. 20세기에는 샤를 모라스Charles Maurras가 이끄는 극우단체 악시옹 프랑세즈 L'Action Française도 이 말을 슬로건으로 사용했습니다. 이런 배경에서 오늘날 극우단체의 시위에 '프랑스를 프랑스인 손에'라는 플래카드가 등장했습니다.

샤를 모라스는 프랑스가 실은 2개의 나라로 이루어져 있다고 설명합니다. 그는 프랑스혁명을 일으키고 드레퓌스파를 형성한 '표층 프랑스'는 파리 주변에 살면서 한껏 멋을 부리는 도시생활을 하는 은행가, 저널리스트, 대학교수들이라고 봐요. 보다 더 깊은 곳에 왕당파, 가톨릭, 농경생활을 중심으로 하는 '심층 프랑스'가 있다고 말합니다. '심층 프랑스'야 말로 진정한 프랑스라는 주장이 모라스의 '일국이층론'입니다. 일국이층론은 오늘날 프랑스 사회에 깊이 뿌리내리고 있습니다. 국민 정체성과 관련된 사건이 터질 때면 이것이 무덤에서 깨어나는 듯합니다.

미국에도 등장한 극우 대통령 후보

강   프랑스인의 이슬람공포증이 점점 더 강해진다면 앞으로 극우정권이 탄생하지 않으리라는 법도 없다고 봅니다. 실제로 이번 선거에서 마린 르 펜이 이끄는 국민전선이 많은 표를 획득했습니다. 미국 대선에서도 공화당의 도널드 트럼프Donald Trump 후보가 일부

계층의 열광적 지지를 받고 있습니다. 둘 다 엄청난 배외주의자인데, 이들이 두 나라의 대통령이 될 가능성이 꽤 높습니다.

프랑스와 미국은 자유를 기본 원리로 삼아 혁명을 통해 수립된 국가입니다. 그런 두 나라에 동시에 등장한 극우를 우연이라고 할 수 있을까요?

우치다   우연이 아닙니다. 일본에도 극우 총리대신이 나온 걸요. 세계 여러 나라에서 극우 정치가들이 50퍼센트에 가까운 지지를 받고 있습니다. 또 유럽의 거의 모든 나라에서 극우정당의 지지율이 상승하는 중입니다. 도널드 트럼프를 보면 미국도 급격하게 '우경화'되고 있어요.

강   세계적 '우경화' 현상을 어떻게 보고 계십니까?

우치다   이슬람학자인 나카타 고中田考 선생에게 같은 질문을 한 적이 있습니다. 대답을 듣고 과연 그렇구나 싶었어요. 나카타 선생은 이 사태를 '극우의 총력신장'이라기보다는 오히려 '국민국가의 해체'로 보아야 한다고 지적합니다.

17세기 베스트팔렌조약으로 시작된 국민국가라는 통치 단위 그 자체가 이를 떠받쳐온 역사적 조건을 잃고 액상화되고 있다는 이야기예요. 국민국가가 통치 단위의 '디폴트(기본 설정)'였던 시절은 지나갔습니다. 오늘날의 우경화는 국민국가의 해체 과정에서 생겨나는 삐걱거림과 비명에 가깝습니다. 그러니 프랑스의 우익은 '프랑스를 프랑스인 손에'라며 시위를 하고 미국에서도 트럼프의 지지자가 'USA, USA'라고 절규하는 것입니다. 국민국가 프랑스와 국민국가 미합중국이 해체되고 있음을 그들 나름의 감각으로 직감하면서 나온 말이라고 생각합니다.

저는 역사의 흐름이 극우가 지배하는 방향으로 틀어졌다고 보지는 않습니다. 오히려 극우가 자신들의 존재 이유라고 믿어왔던 신념이 소멸되는 상황에서, 그에 대한 불안함과 절망감으로 더욱 과격화한 현상이라고 생각합니다.

강　　　　미국의 우경화가 국민국가가 해체되는 과정에서 생겨나는 삐걱거림이나 비명이라는 견해에 저도 공감합니다. 그런데 IS뿐 아니라 알카에다(이슬람주의 무장투쟁파 네트워크)를 포함한 '이슬람 과격파'는 어째서인지 이 두 나라를 주요 목표물로 삼고 있는 듯 보입니다.

국민국가가 통치 단위의 '디폴트'였던
시절은 지나갔다. 오늘날의 우경화는
국민국가의 해체 과정에서 생겨나는
삐걱거림과 비명에 가깝다.

프랑스와 미국은 공화제를 바탕으로 하여 인민주권이라는 근대 민주주의의 기본 원리를 만들어낸 나라인데요, 이 두 나라가 테러의 표적이 된 이유가 어디에 있다고 보십니까?

우치다   프랑스든 미국이든 최초의 건국 원리와 이념은 훌륭합니다. 이렇게 훌륭한 건국 이념을 가진 나라는 세계 어디에도 없습니다.

미국의 경우, 존 윈스럽John Winthrop(17세기 청교도의 신세계 이주를 이끈 영국 정치가)이 매사추세츠에 들어와 처음으로 식민지를 만든 순간부터 성서의 가르침에 기반하여 이상적 종교국가를 만들겠다는 계획을 명백히 했습니다. 프랑스는 왕정을 타파하고 가톨릭의 정신적 지배를 부정하면서 비종교적 시민사회를 세웠습니다. 미국은 종교적이었고 프랑스는 비종교적이었다는 점에서 마치 반대편에 서 있는 듯하지만, 두 나라 모두 원리주의적이라는 점에서 몹시 닮았습니다.

그렇잖아요. 사회 전체가 종교적이거나 혹은 비종교적이 되는 게 과연 가능할까요? 사회란 종교적인 부분도 있고 비종교적인 부분도 있으며 어떤 방식으로 섞이느냐에 따라 그 모습이 달라집니다. 두 나라는 철저하게 다양성을 인정하지 않습니다. 흰색인지 검은색인지, 흑백을 분명히 하라는 원리주의적 사고가 미국과 프랑스의 공통점입니다. 그 결과 국내에 다양한 정치 세력이 형성되지 않았고, 결국 '원리주의적 양극화'로 치달았습니다. 극단적이지요.

프랑스의 경우 '자유·평등·박애'라는 혁명의 이념과 비시 정부가 내건 '노동·가족·조국'의 이념이 정면충돌했습니다. 두 원리주의는 서로를 전면 부정합니다. 그 결과 프랑스에서는 정변이 일어날 때마다 바늘이 이쪽 끝에서 저쪽 끝으로 흔들렸지요. 혁명 뒤에 제정이 되지 않나, 왕정복고를 시켰더니 제정으로 돌아가질 않나, 파리코뮌(1871년 프로이센-프랑스전쟁 후 파리에서 노동계급을 중심으로 민중이 수립한 세계 최초의 사회주의 정권)까지 경험했습니다. 공화제인가 싶더니 이번에는 독재체제가 되고…. 체제의 진폭이 너무 커요. 왕정과 코뮌 사이에서 프랑스인이 좋아할 만한 적당한 정치체제를 찾아낸다는 것은 정말로 어려워 보입니다.

프랑스 지식인 가운데 '중용을 지킨다'는 화해의 논리를 생각해낼 수 있는 사람은 극히 소수인 듯합니다. 저는 프랑스 사상가 중에서 알베르 카뮈를 가장 좋아합니다. 그는 프랑스 지식인으로는 예외적으로 '이쪽의 입장도 알

겠고 저쪽의 입장도 알겠다. 다만 여기서는 일단'이라는 타입의 사고가 가능한 사람이었습니다. 알제리 식민자(본국계 주민-옮긴이)의 아들로 태어나 아랍인들 가운데서 자랐기 때문에 가능한 사고였어요. 카뮈가 지금 살아 있다면 이민과 테러 문제에 관해 몹시 훌륭한 해결책을 제시하지 않았을까요. 그의 해결책을 프랑스 사람들이 좋아하리라는 법은 없지만요.

한편 미국에는 프랑스 같은 원리주의적 대립은 없는 것처럼 보이지만, 실은 존재합니다. 그들은 내전의 상처를 품고 있습니다.

강　　　　　　저도 그렇게 생각해요. 남북전쟁이 있었지요.

우치다　　　　우리는 미국인은 패전의 고통을 알 턱이 없다고 생각하지만 그렇지 않습니다. 미국인 역시 '패전에 대한 자아비판'이 안 된 부분이 있습니다. 바로 1861년에서 1865년까지 벌어진 남북전쟁입니다.

미국은 다른 나라와의 싸움에서 진 적이 없습니다. 하지만 남부 11개 주는 남북전쟁에서 패배했습니다. 이곳에 사는 '패전국민'을 구원할 만한 내러티브가 없습니다. 패전의 트라우마로 인해 고통받는 국민을 공동체로 통합하고 그들의 고통을 덜어줄 수 있는 커다란 규모의 '국민적 내러티브'가 공유되지 않았어요. 남부 11개 주의 패전은 마치 '없었던 일'처럼 여겨집니다. 이런 면에서 미국 또한 '패전의 부인'이라는 귀신에 씌었다 하겠습니다.

강　　　　미국 남부 사람들은 여전히 남북전쟁의 패배감에서 헤어나오지 못한 것처럼 보입니다.

우치다　　　미국 남부의 '패전국민'들이 가진 우울함은 일본 보신전쟁(1868년부터 1869년까지 일본에서 왕정복고로 수립된 메이지 정부와 옛 막부 세력 사이에 벌어진 내전) 때 오우에쓰열번동맹奧羽越列藩同盟(메이지 정부군에 대항한 번들의 동맹)이 겪은 우울함을 연상케 합니다. 그들은 같은 나라의 국민이지만 지속적으로 유형 무형의 차별을 받고 있습니다.

제가 이런 느낌을 갖게 된 것은 어느 할리우드 영화를 보고 나서였습니다. 우리는 할리우드 영화를 통해서 미국의 문화와 사회를 알게 되는데요, 할리우드 영화는 완전히 '북부군의 입장'입니다. 그 속에 '남부'는 하나도 없어요. 미국 영화산업이 생겨난 이후 줄곧 유대인들이 그 시장을 장악하고 있었으니 할리우드의 영화 제작자들에게는 '남부'에 대한 향수나 애착이 있을 수 없었습니다. 유대인은 제도적으로 농경문화로부터 배제되었고 토지 소유 경험도 부재한 집단이에요. 그런 그들에게 '남부'에 대한 공감을 요구한다는 건 말이 안 됩니다.

할리우드 영화는 남부를 시장으로 상정하지 않습니다. 그러니 영화 속에서 남부를 아무렇지도 않게 차별합니다. 거의 '마계'처럼 취급하지요. 토브 후퍼Tobe Hooper의 영화 〈텍사스 전기톱 살인 사건〉(1974, 미국)은 아예 그 배경으로 특정 지역을 지목합니다. 텍사스로 여행을 간 젊은 이들이 한 시골집에서 잔혹하게 살해되어 목이 잘리고 가죽이 벗겨진다는 이야기니까요. 예를 들어 일본에서 〈아오모리 쥐포남〉('아오모리 가와하기오토코'. 껍질을 벗겨 요리하는 쥐치, 즉 쥐포를 뜻하는 '가와하기'는 아오모리 지방의 명물이다. 그런데 '가와하기'에는 가죽을 벗긴다는 뜻도 있다-옮긴이)이라고 영화 제목을 짓는다면 아오모리현에서는 분명 상영이 금지되겠지요.

강   텍사스를 배경으로 한 코엔 형제Joel Coen & Ethan Coen의 〈노인을 위한 나라는 없다〉(2007, 미국)도 피와 살육의 이미지로 가득했습니다. 남부의 대지는 그렇게 폭력적 방식으로 묘사되기 쉬운 걸까요.

우치다　　　제가 미국 남부에 가본 적이 없으니 실제로는 어떨지 모르지만, 영화에서 미국 남부는 카우보이 모자와 부츠, 더러운 플란넬 셔츠를 입고 버드와이저를 마시는 남자들이 성차별적 행동을 하거나 걸핏하면 사람을 향해 주먹을 날리고 총을 쏘는 이미지로 재생산됩니다.

어떤 일본 영화가 '보신전쟁에서 진 녀석들은 이런 촌놈들이다'라는 이미지를 정형화했다면 저 같은 '패군 집안'의 사람들은 못 참았을 거예요(우치다 타츠루의 고조부는 쇼나이庄內의 무사로 보신전쟁에 참전했다). 하지만 미국에서는 그런 조롱이 여전히 이어지고 있습니다. 내전에서 졌다고 100년 동안이나 우롱당하는 상황을 남부 사람은 언제까지 참아야 할까요.

강　　　남북전쟁 이후 남부 출신으로 가장 먼저 대통령이 된 정치가는 우드로 윌슨Woodrow Wilson(재임 1913~21)입니다. 그가 1차 세계대전 뒤에 제시한 40개조의 평화원칙이나 국제연맹 구상은 모두 이상주의적 정책이었습니다. 워싱턴의 정치가들은 윌슨이 제안한 새로운 국가 비전을 완전히 부정했지요. 패군 계통에서 나온 월슨이 국가의 논리를 요구하는 것은 당연한 귀결이지만, 워싱턴의 정치가들은 이 원리주의적 구성에 전혀 공감하지 않았습니다.

비슷한 시기에 일본 총리를 역임한 하라 다카시原敬(재임 1918~21)가 떠오르는군요. 보신전쟁의 '패군' 출신으로는 처음으로 총리대신이 된 그는 우드로 월슨과 많이 닮았습니다. 두 사람 다 그때까지의 국가 기획과는 반대로 이상주의적 정책을 시도했기 때문에 기성 체제로부터 거부당했습니다. 하라 다카시의 호는 '일산一山'인데, 패군의 경제적 열악함을 그대로 드러내는 '백하이북일산백문白河以北一山百文'(도호쿠 지방으로 가는 관문인 시라카와노세키 이북 지방은 산 하나의 값이 100문에 불과한 버려진 땅이라는 굴욕적인 표현. 도호쿠 지방의 반골 정신을 나타낼 때도 사용된다—옮긴이)이라는 문구를 자신의 호로 삼았습니다. 그는 사쓰마와 조슈를 중심으로 뭉친 연합정부에 저항했습니다. 그가 '평민 재상'이라 불린 이유도 "그들에게 작위 같은 걸 받을쏘냐"는 패군의 반발에서 나왔다고 합니다. 내전에서 진 쪽에는 어떻게 해도 받아들이기 힘든 트라우마가 남습니다. 이 트라우마가 어떤 계기로 인해 기득권을 점유한 '승자' 집단에 대한 원리주의적 이의 제기 같은 형태로 드러나는 법이지요.

미국의 경우 국내적으로 남북의 대립이라는 깊은 골을 가지고 있습니다. 이 골은, 정당을 예로 들면, 공화당과 민주당의 대립으로 시각화됩니다. 공화당의 후보로 트럼프가 등장하여 아무리 억지스러운 주장을 해도 열광적인 지지자가 나옵니다. 프랑스에 '표층 프랑스'와 '심층 프랑스'가 있듯이 미국에도 뉴욕, 태평양 연안, 할리우드 영화와 록 음악, 금융, 미디어, 쇼비즈니스의 '표층 미국'이 있고, 다른 쪽에는 옥수수 밭과 유정, 카우보이, 컨트리 음악의 '심층 미국'이 있습니다. 이 두 층이 미국 내부의 해소하기 어려운 대립을 기호적으로 표상하고 있습니다.

패전의 르상티망

강   그런 측면에서 보면 혁명을 경험한 나라들은 내전을 끝내고 일종의 휴지休止 상태로 들어간 휴화산이나 마찬가지입니다. 내부에 뜨거운 마그마를 안고 있다고 할까요. 과거의 기억은 결코 지워지지 않았어요. 지금도 엄연히 존재합니다. 이러한 것들이 언제 분출될지 모른다는 불안감이 있습니다. 국가 내부에 잠재된 심층 내셔널과 표층 내셔널이 그 안에 존재하는 불편한 마음, 갈등, 테러를 충동하는 것일까요?

우치다　　　　그렇습니다. '서점西漸'을 예로 들어볼까요. 이는 미국 국민들의 의식에 강력하게 영향을 미친 신화적 경향입니다. 국가의 전략이라는 측면에서 필연성이 없음에도 불구하고 사람들은 서쪽으로, 계속 서쪽으로 갔습니다. 프런티어(개척)를 서쪽으로 확산시킨 결과 1840년대 말에 마침내 태평양에 도달했습니다. 국내의 프런티어가 소멸된 뒤 일본열도로 페리Matthew C. Perry 제독을 보냅니다. 미국-스페인전쟁을 통해 필리핀과 괌을 얻고 하와이를 병합한 다음, 일본을 점령하고 한반도와 베트남을 불태우고 아프가니스탄, 이라크, 시리아로 향했습니다.

미국의 서점 경향에 관해서 원로 해부학자인 요로 다케시養老孟司 선생과 이야기를 한 적이 있습니다. "미국은 왜 베트남전쟁 후에 중국과 인도를 건너뛴 채 아프가니스탄으로 갔을까요?"라고 물어보니, 요로 선생은 "미국은 도시에 관심이 없어요. 중국과 인도는 세계 최고最古의 도시문명이잖아요. 그러니 건너뛴 거죠"라고 답하셨어요. (웃음)

프랑스에 '표층 프랑스'와 '심층 프랑스'가
있듯이 미국에도 '표층 미국'과 '심층
미국'이 존재한다. 남북전쟁의 결과로
만들어진 두 층은 오늘날까지도 미국
사회의 여러 분야에서 다양한 형태로
갈등을 지속하고 있다.

프런티어란, 간단히 말해서 자연을 파괴하고 숲을 뚫어 길을 내고 인공 환경을 만드는 일입니다. 도대체 어떻게 '숲을 태운다'는 발상을 할 수 있었을까요? 베트남전쟁에서 미군은 네이팜탄을 사용하여 숲을 모조리 불태웠습니다. 일본군도 아시아에서 나쁜 짓을 많이 했지만, 적병이 숲에 숨어 있으니 숲을 모조리 불태워버리자는 생각은 하지 못했어요. 만약 그랬다면 병사들의 심리적 저항이 강했을 테지요. 당시 일본의 일반 민중을 구성하던 농경민의 입장에서 볼 때 숲은 온갖 신들의 거처일 뿐 아니라 만물을 키워주기까지 하니까요.

1830년대의 미국에서는 미시시피강(미국 중부를 북에서 남으로 관통한다. 캐나다 국경에 가까운 미네소타주 아타스카호에서 발원하여, 멕시코만으로 흘러든다. 나일강, 아마존강, 양쯔강에 이어 세계에서 네 번째로 긴 강으로, 좌우로 10개 주와 경계를 이루고 있다-옮긴이) 유역이 개척의 중심부였습니다. 이것이 20년 만에 태평양 연안까지 확장되었지요. 1890년에 미국 정부는 프런티어, 즉 미개척지의 소멸을 공식적으로 발표합니다. 눈 깜짝할 사이에 '서부' 개척이 끝난 거예요. 얼마나 맹렬한 기세로 자연을 파괴했을지 상상도 안 됩니다.

개척민들은 포장마차 부대를 조직하여 서부의 숲으로 들

어가 개간을 하고 밭을 일굽니다. 얼마 안 가 밭은 버려지고 개척민들은 다시 마차를 타고 서쪽으로 향합니다. 토크빌은 개척민들의 자연 파괴를 향한 정열을 '질병'이라 썼습니다. '고 웨스트go west' 역시 질병이며 환태평양경제동반자협정TPP(Trans-Pacific Partnership)도 미국병의 일종입니다.

강　　　　　TPP도 그렇다고 보십니까?

우치다　　　　독립전쟁 때 '대표 없이는 세금도 없다'라는 슬로건이 있었잖아요.

강　　　　　당시 미국은 영국의 식민지로, 영국 의회에 대표를 보내지도 못하면서 일방적으로 세금을 내야 했지요. 이에 대한 분노가 독립전쟁의 슬로건이 되었습니다.

우치다　　　　부당한 과세에 대한 분노가 미국 독립의 계기였습니다. 보스턴 차 사건(1773년 영국의 식민지 정책에 분노한 식민지의 급진파들이 동인도회사의 배에 실린 홍차 상자를 부수고 홍차를 바다로 내던진 사건-옮긴이)의 원인도 세금 문제였습니다. 미국인들은 관세에 대해서 이상하리만치 예민한 태도를 보입니다.

일본이 만주국을 건국했을 때 미국이 가장 먼저 항의한 내용이 무엇이었을까요. 바로 '일본이 만주 시장을 독점하여 자유무역을 방해한다'였습니다. 다른 나라를 침략하여 괴뢰정권을 세웠다는 윤리적 비판이 아니었습니다. 왜냐하면 자기들도 필리핀에서 똑같은 일을 하고 있었으니까요. 윤리적 문제가 아니라 관세 장벽을 만들어 미국의 상품을 만주 시장에서 팔지 못하게 하는 것이 괘씸하다며 강력하게 항의했어요. 대륙 시장을 활짝 열어놓고 평등하게 '같이 나눠 먹으면' 되는데 왜 일본 혼자 독점하느냐고 화를 냈습니다.

미국은 건국 때부터 자유무역의 기치를 내걸었으니, 아마도 자유무역이 국시였으리라 생각됩니다. 이것만은 절대로 양보할 수 없다는 신념이지요. 그래서 자유무역, 관세 장벽 폐지, 시장 개방을 집요하게 주장합니다. 이것이 미국 산업에 이득인가 하면, 꼭 그렇지도 않습니다. 장점이 있느냐 없느냐의 문제가 아니라 관세 장벽은 그 자체로 '악'이며, 시장 폐쇄 자체가 악이라는 믿음이 미국 건국의 원점을 형성하고 있습니다.

TPP 강행도 같은 이유입니다. 미국에서는 국내 산업이 피해를 입으니 하지 말라는 여론도 있어요. 현재 공화·민주 양당의 대선 후보인 트럼프와 힐러리 모두 TPP에 반대합니다. 하지만 국시라는 면에서 본다면 그런 건 상관이 없습니다. 자유무역은 구구한 국내 산업의 이익을 뛰어넘는 이념이기 때문입니다. 미국의 병이지요.

하지만 미국은 초패권국가이므로 자신의 병을 '건전한 세계 표준'으로 다른 나라에 강제할 수 있습니다. 또 미국의 병적 몽상을 진정으로 '세계 표준'이라 믿고 따르는 속국 정치가들도 있습니다.

강　　　　우리가 지금껏 근대 혁명의 원조로 예찬했던 프랑스와 미국에 은폐되어 있던 질병이 표면화되면서 지금껏 벌여왔던 일들의 '외상 청구서'가 돌아온 것처럼 보입니다.

우치다　　　　그렇습니다. 세계의 여러 곳에서 자기네 나라가 어떤 원리와 원칙에 의해 세워졌는지 제대로 언어화되지 않았습니다. 어떤 나라건 건국의 기초에는 단단한 이념이 아니라 무르고 질퍽한 환상이 자리 잡고 있습니다. 그런 격한 정념이나 르상티망ressentiment(원한, 증오, 질투 따위의 감정이 되풀이되어 마음속에 쌓인 상태-옮긴이)

없이 나라를 세우기는 불가능하니까요. 하지만 이 질퍽한 부분은 은폐하고, 오로지 멋진 이념 위에 나라가 세워졌다고 말하지요. 제 나라가 취하는 행동이 어떤 동기에서 나왔는지를 국민도, 지도자도 자각하지 못합니다. 그래서 상상도 못했던 문제가 점점 더 발생하는 거예요.

강　　　　　사회학에서 재귀성이라고 표현하는데요, 어떤 상황에 대해 자기반성을 한 뒤에는 새로운 방향으로 나아가기 마련입니다. 그런데 미국과 프랑스에서는 이 기능이 작동하지 않은 채 100년, 200년이 흘러갔습니다. 두 나라의 공통점은 바로 여기에 있습니다.

우치다　　　　미국의 경우, 아메리카 원주민을 학살하고 그들의 토지를 빼앗아 국가를 세웠다는 건국의 '원죄'를 인정하고 그에 관해 국민적 규모로 사죄하지 않는 한 질병이 낫지 않으리라 봅니다.
프랑스도 마찬가지입니다. 반유대주의와 파시즘은 프랑스에서 시작되었습니다. 근대 시민사회 이념의 발상지이면서 동시에 흉악한 정치 이데올로기의 배양지입니다. 이를 인정해야 합니다. 프랑스에는 좋은 점도 있지만 나쁜 점도 많이 있다고 말입니다. 역사적 사실을 있는 그대로 인정하면 됩니다. 자기들이 병에 걸려 있음을 인정하지 않는 한 치료는 시작되지 않으니까요.

병을 알기만 한다면, 이제 어떻게 치료할지 구체적 치료법을 찾을 수 있습니다. 반면에 우리는 건강하다고 억지를 부리는 한, 치료는 시작되지 않습니다. 프랑스와 미국은 자신의 병으로부터 눈을 돌리고 있습니다. 이것이 다양한 문제를 겪으면서도 해결의 실마리를 찾지 못하는 이유라고 생각합니다.

강　　　　　미국의 경우는 더 심한데요, 병에 걸렸다고 생각하기는커녕 반대로 스스로 남의 병을 치료하는 의사라고 착각하는 것 같습니다. 건국 이후 줄곧 자기들만이 정의라고 생각하고 있어요.

우치다　　　　　입원한 환자가 의사 노릇을 하는 셈이지요.

강　　　　　그렇기 때문에 테러리스트의 타깃이 되는 겁니다. 타자의 눈으로 보면 병에 걸린 환자가 누구인지 더 잘 보이는 법이지요.

액상화하는 국민국가-역사의 흐름을 멈출 수는 없다

강   미국과 프랑스가 현저하게 우경화되고 곳곳에서 테러가 일어나는 이유가 국민국가의 액상화가 시작되었기 때문이라는 견해에 저도 동의합니다. 그렇다면 각각의 국가가 개별적으로 정책을 내는 대증요법으로는 더 이상 해결되지 않는 상태에 이르렀다고 봐야 할까요.

우치다   그렇지요. 결국 국민국가의 액상화에 개별 국가 차원에서 대응해본들 이렇다 할 방도가 없습니다. 개별 국가 차원에서 아무리 그럴듯한 정책을 마련한다고 해도 거대한 역사의 흐름을 멈출 수는 없습니다. 그러니 '액상화'라고 부르는 거예요. 이런 시기에 일본은 어떻게 해야 하느냐고 물어보셔도 저는 답을 모릅니다. 일본이라는 한 국가가 어떻게 행동해야 좋을지를 묻는 바로 그 문제제기 방식 자체가 이미 작동하지 않게 되었으니까요.

국민국가의 액상화라는 흐름은 일종의 복원력 혹은 보정력의 작동이 아닐까 싶어요. 20세기는 예외적이고 또 특수한 100년이었을 뿐, 실제로는 19세기 말의 상태가 안정적인 세계질서의 형태였다는 생각마저 듭니다. 20세기

100년 동안의 변화를 19세기 말 무렵으로 되돌려, 거기서부터 다시 시작해보면 어떨까 하고 말이지요. 그런 역사적 복원력이 작동하고 있는 듯 보입니다. 역사적 복원력이란 인간이 주도권을 잡을 수 있는 성질이 아닙니다. 개개인의 현명함이나 우매함과는 관계가 없습니다. 이른바 집합적 무의식의 차원에서 진행되고 수천만 아니 수억 명에게 영향을 끼치며 이루어집니다. 이 흐름에 맞서서 국경에 철책을 설치하고 법률을 바꾼다 한들, 일개 국가 차원의 정책으로 이 흐름에 대응한들….

강   의미가 없군요.

우치다   커다란 흐름을 멈출 수는 없습니다. 하나의 국가 단위에서 가능한 일은 그 흐름을 잘 살펴보고 그 안에서 최대한 피해를 줄이는 정도가 아닐까요. 가능한 일은 국민이 난민화하거나 전쟁이나 테러가 일어나지 않도록 예방책을 펴는 정도입니다. 최악의 사태를 피하기 위한 실천적 지혜를 짜내야 합니다. 전 세계 200여 국민국가가 각자의 현실에 대응하여 '최악의 사태를 피하기 위한 대비'를 고민해야 합니다.

글로벌화의 귀결, 난민

강　　　그 결절점을 생각해볼 때, 국민국가의 액상화를 우리에게 가장 잘 보여주는 현상은 난민입니다. 잘 생각해보면 근대국가가 탄생했을 때부터 난민이 생겨났습니다. 하지만 작금에 이르러서야 난민 문제가 각국 공통의 중요한 문제로 주목받게 되었습니다. 유럽으로 난민이 모여들기 시작했고, 테러의 표적이 된 프랑스에서는 특히 난민이나 이민을 거부하는 움직임이 강해지고 있습니다.

우치다　　　난민은 한 국가가 거절하고 말고 할 문제가 아닙니다. 난민이란 미국과 유럽이 주도한 글로벌화의 귀결이기 때문입니다.

강　　　저도 그렇게 생각합니다. 냉전이 붕괴된 이후, 급격하게 가속화된 글로벌화와 함께 국가의 퇴장이 시작되었습니다. 이 말은 국가가 담당하던 재분배 기능이 더 이상 작동하지 않음을 의미합니다. 시장원리에서 튕겨나가 땅바닥으로 내팽개쳐진 빈곤층을 구제할 방법이 사라졌습니다. 그런 사람들이 이민자와 난민이 되어 전 세계로 퍼져 나갔고, 글로벌화에 대항하여 테러를 꾀하고 있습니다. 이 전투에서 집이 부서지고 토지를 빼앗겨 난민이 되고 유럽으로 흘러 들어오게 되었으니, 문제의 원흉은 바로 세계화에 있습니다.

우치다　　　글로벌화의 진행과 함께 국경선이 없어지고 통화, 언어, 도량형, 법률, 가치관이 동일화되면서 자본, 정보, 상품, 그리고 인간까지도 자유롭게 국경을 넘어 돌아다닐 수 있게 되었습니다. 난민 또한 이 과정의 결과입니다. 당연한 일입니다. 서구가 폭력적으로 간섭을 하고 자원과 이권을 빼앗았기 때문에 중동에 파탄국가가 생겼습니다. 남의 나라의 국가질서의 기초를 파괴한 나라가 그 결과로 발생한 난민들에게 '이리로 오지 말라'고 하는 건 말이 안 됩니다. 인간은 이익의 최대화를 위해 국경을 넘나들며 행동해야 한다는 가치관의 한편에, 난민에게는 국경을 넘지 말라고 말하는 이중잣대가 존재합니다.

강　　　액셀과 브레이크를 동시에 밟는 행위네요.

우치다　　　글로벌화로 인해 생겨난 난민을 진정

으로 배제하려 한다면 국민국가의 폐쇄성을 철저하게 재구축할 수밖에 없다고 봅니다. 유럽연합EU의 경우, 국경에서의 출입국 심사를 폐지하기로 약속한 솅겐조약을 철회할 수밖에 없습니다. 출입국 심사를 다시 강화하고, 나라별로 언어를 달리하고, 통화를 바꾸고, 도량형도 바꿔야 하며 법률도, 생활 스타일도 다 바꾼다면 국민국가의 정체성이 지켜지겠지요.

강   하지만 글로벌 자본이 세계를 움직이는 동안에는 불가능하지 않을까요.

우치다   세계의 자본주의를 움직이는 사람들의 논리는 정말로 교묘한 이중잣대입니다. 돈이 있는 자들에게는 국경을 열어줍니다. 비즈니스 기회를 얻기 위한 이동을 인권이라는 단어로 포장합니다. 이민의 경우, 1950년대에 프랑스로 건너간 마그레브나 1960년대 독일로 간 터키 이민자들처럼, 노동력이 부족한 시절에는 쉽게 받아들입니다. 하지만 노동력 부족이 해소되거나 경제성장이 멈추거나, 더 이상 수요가 없어지면 '이제 필요 없으니 너희 나라로 돌아가'라고 합니다. 돈이 되는 일이라면 괜찮지만 그게 아니면 안 된다는 이중잣대를 적용하고 있어요.

그 바탕에 '국민국가의 국경은 이제 기능하지 않는 편이 낫다. 기능하지 않게 하는 편이 낫다'라는 전 세계적 합의가 있습니다. 일본 자민당의 헌법 초안은 이를 대표하고 있는 것처럼 보입니다.

강   그렇군요. 한편에는 전쟁 전으로 돌아가고 싶다는 바람이 있고, 다른 편에는 신자유주의를 예찬하는 모순이 공존하네요.

개헌안 속의 신자유주의

우치다   자민당의 개헌안은 일본국 헌법이 정해 놓은 모든 기본권을 제약하려 듭니다. 이미 알고 계신 것처럼 '공공의 복지에 반하지 않는 한'이라는 기존 헌법의 규정을 '공익 및 공공질서에 반하지 않는 한'으로 바꿔 썼어요. 국민의 사적 권리를 때에 따라 정부가 제약할 수 있도록 했습니다. 그런데 사적 권리를 제약하지 않은 부분이 딱 한 군데 있습니다. 바로 22조입니다.

22조는 '거주 이전의 자유와 직업의 자유'에 관한 조항입니다. 현행 헌법에는 이렇게 되어 있습니다. '누구든 공공의 복지에 반하지 않는 한, 거주, 이전 및 직업 선택의 자유를 가진다', 제2항은 '누구든 이국으로 이주하거나 혹은 국적을 이탈할 자유를 침해받지 않는다'라고요.

거주, 이전, 직업 선택의 자유에 관해서 일본국 헌법은 '공공의 복지에 반하지 않는 한'이라고 시민적 자유를 한정하고 있어요. 하지만 자민당의 개헌안 초안에는 이 제한이 지워졌습니다. 이상하지요? '공공의 복지'를 '공익 및 공공의 질서'로 모두 바꿔 쓴 사람들이 이 부분만 그렇게 하지 않았어요. 오히려 아무런 제약도 하고 싶지 않은지, '누구든 거주 이전 및 직업 선택의 자유가 있다'라고 적어놓았습니다.

강　　　　　　엄청난 걸 발견하셨는데요. (웃음) 정말 글로벌 국가로 약진하기 위한 헌법 초안이로군요.

우치다　　　　극우정당이 초안한 헌법인데, 해외로 이주하거나 해외에서 사업을 하거나 자기 이익을 위해 일본국 국적을 이탈하는 것에 대해 얼마든지 해도 괜찮다고 하다니요. 논리적으로는 설명하기 힘든 조항 아닙니까? 그러니까 자민당이라는 정당은 이제 더 이상 내셔널리스트 정당이 아님을 알 수 있습니다. 정말로 글로벌리스트를 위한 헌법이지요. 자기 이익을 위해 국민국가의 국경선을 넘어 활동하고, 또한 그것을 위해 일본 국적을 버리는 활동을 '공익 및 공공의 질서' 유지보다 더 우선적으로 배려하겠다고 선언한 셈이잖아요. 정말 속이 훤히 다 보입니다.

일본의 극우정권은 일본국 헌법이 정하는 입헌민주주의의 공화제적 속박을 벗어버리고 싶어 합니다. 행정부에 완전한 자유재량권을 부여하길 원해요. 세계자본주의에 최적화된 '비즈니스하기 좋은 나라'를 만들기 위해서요. 말하자면 독재체제가 그들의 최종 목표는 아니라는 겁니다. 목표를 향한 우회적 수단일 뿐이에요. 글로벌화하여 국민국가를 해체하기 위해서는 과도적으로 독재체제를 통과할 수밖에 없다고 생각하는 걸까요. 입헌민주주의가 기능하는 한, '국민국가를 해체하지 마라. 우리는 이 나라 안쪽에서 살고 싶다. 일본어가 공용어인 이 나라에서 살고 싶다. 일본의 가치관을 공유하는 사람들과 같이 살고 싶다'는 사람들이 줄줄이 나올 테니까요. 그러니까 극우 내셔널리스트의 가면을 쓰고 '일본에서 살고 싶다'는 원초적 향토애를 이용하여 우선 독재체제로 이행하려 합니다. 그 뒤 일본을 세계자본주의의 추수장으로 만들겠다는 도면을 그리고 있어요.

강　　　　일본 역시 글로벌화를 향해 속도를 높이면서 다른 한편으로는 난민은 안 된다고 제동을 걸고 있군요. 빈곤층을 위한 사회안전망은 점점 위태로워질 텐데, 글로벌화의 부정적 부분은 받아들이지 않겠다니, 참 자기 편한 대로입니다.

우치다　　　　세계자본주의체제 안에서는 사람들이 국경을 넘나들며 이동하는 것을 멈출 수 없습니다. 만일 이를 막으려 한다면, 다시 옛날로 돌아가서 세계경제 바깥으로 나와 국민경제를 경제 정책의 기둥으로 삼아야 합니다. "미안한데 전부 관세 물릴 거야. 국경선에서는 철저하게 출입국 심사를 할 거야. 언어, 통화, 도량형, 법률을 전부 다른 나라와 다르게 바꿨으니까 국경을 넘어오면 살기 힘들 거야"라고 말이지요. 이런 국민국가적인 장벽을 다시 한 번 세우는 것 외에는 방법이 없습니다. 그렇게 하지 않고서는 난민의 세계적 이동이라는 추세를 멈출 수가 없어요.

강　　　　오늘날의 글로벌화된 세계는 완전히 분

리되어 있어서 양립할 수 없는 일을 동시에 하고 있군요.

우치다　　　　맞습니다. 오른손으로는 난민을 만들어내면서 왼손으로는 난민을 되돌려 보냅니다. 경제가 글로벌화하면 국경을 넘는 이민과 난민이 대량으로 발생하는 게 당연합니다. 전쟁과 테러만이 아닙니다. 전 세계적으로 유행하는 전염병이나 국가의 재정 파탄 등의 이유로 얼마든지 대량의 국민 이동이 일어날 수 있으니까요. 글로벌화란, 말하자면 잠수함 안의 차폐벽을 없앤 상태입니다. 벽이 없어진 이상 잠수함 안에서는 어디로든 쉽게 이동할 수 있습니다. 하지만 벽이 없어졌으니 어디 한 곳이 침수되면 곧 잠수함 전체가 침몰하고 말 것입니다.

2장

의사전시체제를 사는
우리

소비에트연방에서 개발된 자동소총 AK47.
개발자의 이름을 따서 '칼라시니코프'라고도 한다.

일상으로 들이닥친 전쟁, 테러리즘

강　　　　　지금까지 나눈 이야기처럼 세계화라는 거대한 조류를 제어하는 사령탑으로서 초강대국이 가졌던 헤게모니가 확실히 사라지는 중입니다. 오늘날의 세계는 일종의 카오스에 빠져, 이를 군사적 방법으로 풀어보려고 발버둥치고 있습니다.

우치다　　　속으로는 군사적으로 해서 어떻게 될거라고 기대하지 않는 것 같아요.

강　　　　　그렇게 생각하지 않는다고요?

우치다　　　네. 공중폭격 같은 경우도, 그저 상징적으로 뭔가 하지 않으면 체면이 서지 않으니 그냥 그런 제스처를 취한다고밖에는 볼 수 없지 않을까요. 적은 게릴라니까요. 도시를 폭격한들 적은 폭격 전에 다 지하로 숨거나 도망치고, 결국 비전투원인 시민만 죽을 뿐입니다. 그런 사실을 폭격하는 쪽에서도 알고 있어요. 하지만 아무것도 하지 않을 수는 없으니 어쩔 수 없이 하는 거지요.

강　　　　　네, 그런 의미에서 저는 근대적 전쟁의 개념 자체가 많이 변했다고 생각합니다. 앞으로의 전쟁에서는 무조건 항복을 받는다든가 항복문서를 교환한다든가 하는 일은 없겠지요.

우치다　　　　그러게요. 더 이상은 없을 것 같습니다.

강　　　　　전쟁 카테고리의 변화를 상징적으로 말하자면, 칼라시니코프 대 핵무기라고 할 수 있습니다. 핵은 '초파괴적 무기'지만 사용해버리면 끝장이니까 쉽게 사용할 수 없습니다. 종이호랑이 같은 핵무기에 의해 전쟁 억지력이 작동하는 셈이지요. 핵을 사용하지 않을 것을 전제로 성립되는 국제정치의 역학입니다. 하지만 작금의 테러를 통해 세계는 죽을 각오를 한다면 소총 한 자루만으로도 큰일을 벌일 수 있음을 알게 되었습니다.

전쟁 테크놀로지라는 면에서 본다면 엄청나게 단순한 기술, 원시적 무기가 핵 억지력을 상회하는 힘을 가지고 있는 상황입니다.

이런 힘에 어떻게 대항하면 좋을까요? 죽음을 각오하고 지하드에 뛰어든 사람들을 섬멸한다는 게 과연 가능할까요? 공중폭격을 하고 특수부대를 투입하여 어떻게든 그들을 제거하겠다고 공언하고 있지만, 정말 어려운 일이라고 생각합니다.

역사적으로 보면, 17세기 무렵 다양한 나라가 전쟁을 벌이면서 국민국가 시스템이 만들어지는 과정에서 전쟁규범도 만들어졌습니다. 이때의 전쟁은 지상에서 벌어지는 정규군 간의 전투였습니다. 반드시 어느 쪽이 항복을 하고 그 시점에서 항복문서를 교환하고 전쟁법칙에 따라 포로를 어떻게 다룰지와 패전국의 민간인에 대한 처우를 어떻게 할지 등을 정했습니다.

그런데 오늘날의 전쟁에서는, 전쟁터가 육상에만 있지 않습니다. 바다로, 하늘로 규모가 확대되면서 전쟁에 하나의 규칙을 적용하기가 모호해졌습니다. 민간인을 전부 살육해도 좋다는 섬멸이라는 개념이 전면적으로 등장합니다. 중일전쟁 중 충칭 대폭격 때도 그랬고, 2차 세계대전 중의 도쿄 대공습과 독일 드레스덴 폭격도 무차별 공격입니다. 정규군과 민간인의 구별이 사라졌어요.

이런 흐름 안에서 볼 때, 지금 우리가 사용하는 '오폭'이라는 말은 사실과 다릅니다. 육지로 한정되어 있던 전장이 공중으로 확대된 시점부터 민간인과 정규군의 구별은 무의미합니다. 현재 이루어지는 공중폭격은 처음부터 민간인의 살상을 전제하고 있습니다. 이라크전쟁 때 특히 그랬습니다. 이라크전쟁 때 미국을 중심으로 한 다국적군의 주요 수단은 공중폭격이었습니다. 아군 전투원은 가능한 한 최소로 투입하고 적국의 일반 시민을 끌어들이지 않는다는 전제였지만, 실제로는 20만 명이 사망했다고 추정하지요. 이런 전쟁의 형태가 일반화되면서 전장에서 일어난 일들이 테러라는 형태로 부메랑처럼 우리의 일상생활 속으로 돌아오는 게 아닌가 합니다.

종래의 전쟁 개념이, 전방과 후방을 나누는 국경의 논리가 무너졌습니다. 우리는 어딘가에서 벌어지는 전쟁을 텔레비전으로 보고 있습니다. 그런데 갑자기 화면 안의 전쟁터에서 총탄이 우리를 향해 날아왔습니다. 일상생활에 전쟁의 광경이 테러라는 형태로 출현했습니다. 이것이 바로 지금 우리가 직면한 상황입니다.

일상에서 콘서트나 연극을 보고 있는데 갑자기 누군가가 뛰어들어 총을 난사하거나 자폭 테러를 하면, 우리가 취할 수 있는 방법이 없잖아요. 전쟁을 국경 너머에 봉쇄해놓았을 때는 전투원들이 경계선 바깥으로 나가서 총칼을 들고 싸우는 것이라 생각했지만, 이제는 그렇지 않습니다. '아프가니스탄과 이라크로 쏜 미사일이 부메랑이 되어 뉴욕으로 되돌아오고', '평온한 파리와 런던, 혹은 도쿄의 번화가가 한순간에 전쟁터로 변하는' 상황을 지금까지는 상상할 수 없었습니다. 하지만 그게 그렇게 질겁할 만한 일인가라는 내용의 칼럼을 9·11 때 기고했다가 거센 비판을 받았지요.

우치다   그랬군요.

강   어떻게 보면 이 흐름은 필연적이라는 느낌이 듭니다. 대개의 국민국가가 인권을 지상의 가치로 내걸지만, 어느 나라에서 태어났느냐에 따라 개인에게 주어지는 가치가 다르잖아요. 이런 세상에서, 아주 먼 나라에서 일어나는 일이라고 여기던 테러가 우리의 일상 한가운데로 갑작스럽게 들어왔습니다. 이 전쟁이 영원히 끝나지 않을 것 같은 기분이 듭니다. 이런 의미에서 문자 그대로 '세계 최종 전쟁'의 시대가 도래할지도 모르겠어요.

전쟁을 원리가 아닌 숫자로 본다면

우치다   얼마 전 나카타 선생과 대담을 하면서 흥미로운 이야기를 들었습니다(월간 『플레이보이』, 2016년 1월 4일호, 11일호). 나카타 선생은 전쟁과 테러는 '원리의 문제'인가 아니면 '정도의 문제'인가라는 질문을 던졌습니다. 우리는 아무래도 '전쟁이냐 평화냐'라는 '원리의 문제'로 생각하게 됩니다. 하지만 나카타 선생은 오히려 '정도의 문제'로 받아들이고 있었어요. 파리 테러로 100명 이상의 시민이 죽었지만, 그것이 그렇게 놀랄 만한 일인가 하고요. 일본에서는 해마다 2만 4,000명이 자살을 합니다. 하루에 65명 가까이 스스로 목숨을 끊죠. 미국에서는 매일 100명에 가까운 사람들이 스스로 또는 타인이 쏜 총에 맞아 죽습니다. 많은 사람이 가족이나 연인이 쏜 총에 맞아 목숨을 잃고 있습니다. 나카타 선생은 이런 구조적 폭력을 낳은 사회야말로 '테러사회'가 아닌가라고 묻습니다.

우리는 전쟁과 테러라는 말을 들었을 때 일상을 넘어선 엄청난 규모의 파괴를 떠올립니다. 하지만 수백 명의 피해자가 단발적으로 발생하는 테러와 수백 명이 몇 년간 지속적으로 사망하는 내전, 수백만 명의 사망자가 나오는 세계대전을 똑같은 '전쟁'이라는 카테고리로 묶는 것이 과연 적절한지 생각해보게 되었습니다.

사료에 의하면 진주만 공격 때 일본 해군의 전사자는 겨우 64명이었던 데 반해 미국 쪽 전사자는 2,400명이었다고 합니다. 일본제국 해군이 괴멸적 피해를 입고 전투 능

수백의 피해자가 단발적으로 발생하는
테러와 몇 년간 계속해서 수백이
사망하는 내전, 수백만 명의 사망자가
나오는 세계대전을 똑같은 '전쟁'이라는
카테고리로 묶는 것이 과연 적절한가.

력을 상실한 1942년 미드웨이 해전 때 죽은 일본군 병사는 3,000명입니다. 저는 미드웨이 해전이 태평양전쟁의 승패를 결정한 전투였던 만큼 엄청난 수의 사상자가 나왔으리라고 생각했습니다. 하지만 숫자만 보면 (이렇게 말하는 것이 적절하지는 않지만) '3,000명'에 지나지 않았습니다. 그렇잖아요. 그 전쟁으로 인해 최종적으로 300만 명의 일본인이 사망했으니까요. 전투원인 군인의 경우엔 거의가 아사나 병사였습니다. 국내 비전투원 사망자는 대부분 공습에 의해 불에 타 죽었습니다. 히로시마와 나가사키에 투하된 원자폭탄으로 20만 명의 시민이 죽었습니다. 이렇게 희생자 수를 비교해보면 진주만 공격과 원폭 투하를 '전쟁'이라는 같은 선상에서 다루는 건 어딘가 불합리하다는 생각도 듭니다.

전쟁은 아마도 어떤 시점이 되면 '제어 불능'의 상태에 빠지는 모양입니다. 그 시점까지는 클라우제비츠Carl von Clausewitz의 말처럼 '외교의 연장'으로 제어가 가능할지도 모릅니다. 하지만 지는 횟수가 늘면 어떤 시점에 이르러 전쟁 지도부가 이성을 잃게 됩니다. 더 이상 조직적 반격이 불가능해지고 전쟁을 하면 할수록 사상자만 늘어날 뿐인 상황이 되어도 결코 전쟁을 멈출 수 없게 됩니다. 전쟁의 비참함은 이렇게 '교전국 중 한쪽이 일방적으로 지고 있는데도 전쟁을 제어하지 못하고 결과적으로 자국민을 학살하는 데 동의한다'는 점에 있지 않을까요.

누군가는 64명과 300만 명이라는 사망자 수의 차이를 놓고 그 원리는 동일하다, '그래 봤자 정도의 문제'에 불과하다라고 생각할지도 모릅니다. 하지만 저는 그렇게 생각하지 않습니다. 여기에는 본질적인 차이가 있습니다.

'전쟁을 어떻게 억지抑止할까'라는 논의는 나카타 선생의 말처럼 '전쟁을 어떻게 없앨까'라는 '원리의 문제'가 아니라, 좀 더 냉정하고 실용적으로 '전쟁을 없앨 수는 없지만 어떻게 하면 사망자 수를 줄일 수 있을지 궁리해보자'는 '정도의 문제'로 관점을 옮겨야 한다고 생각하게 되었습니다. 그렇게 하는 편이 이치에 맞지 않을까 하고요. 전쟁은 근절시킬 수 없습니다. 테러도 근절시킬 수 없습니다. 그렇다고 허무주의적으로 생각해서는 안 됩니다. 전쟁에서 희생되는 군인과 민간인의 수, 테러로 살해당하는 시민의 수를 어떻게 줄여갈지 기술적으로 또 계량적으로 고민하는 일이 합리적이지 않느냐는 거지요.

이 세상에서 전쟁을 없애고, 이 세상에서 테러를 없애려고 한다면 반드시 '이 세상에서 전쟁을 없애기 위한 최종전쟁'을 기안하게 됩니다. IS를 확실하게 괴멸시키겠다고 마음먹는다면 시리아와 이라크에 원자폭탄을 떨어뜨리면 되는 일이니까요.

강   극단적이지만, 그렇습니다.

우치다   비전투원을 포함하여 1,000만 명 정도
가 사망하고, 일시적으로 IS의 활동을 정지시킬 수는 있
겠지요. 하지만 테러리스트들은 지하에 숨어 사방으로
흩어질 뿐입니다. 그리고 학살당한 1,000만 명의 원한을
이어받은 사람들이 나중에 수백만 명 단위로 출현하겠지
요. 그들이 또 다른 조직을 만들어서 원한을 풀기 위해 원
자폭탄을 떨어뜨린 나라를 상대로 세계적 규모의 테러를
끝도 없이 일으키게 될지도 모릅니다. '전쟁을 근절하기
위한 최종 전쟁'이란 이 세상에 인간이 살아가는 한 불가
능한 일입니다.

원리와 원리가 충돌하고 상대방의 원리를 용납하지 않는
비타협적 대립 상황에서는 일단 죽는 사람이 나오지 않
도록 하는 방법을 고민해야 합니다. 어느 쪽이 사리에 맞
는지를 따지는 원리의 문제가 아니라 어떻게 하면 사상
자를 줄일지, 어떻게 하면 사람들이 집과 가족을 덜 잃을
지, 어떻게 하면 난민이 덜 생길지 같은 문제를 먼저 고민
해야 한다는 말이지요.

강   칼라시니코프로 총격을 받더라도 혹은 자폭 테러를 당하더라도, 가능한 한 희생자가 나오지 않는 전쟁터가 되도록 유지해야 한다는 말씀이지요? 그런데 일상의 터전에 갑자기 전쟁터가 출현하는 상황이 전 세계로 확산된다면 모두 패닉에 빠져 어떻게 해야 좋을지 모르게 되지 않을까요.

우치다   내 목숨과 바꿔서라도 죽은 이들의 원한을 풀겠다고 마음먹는 사람이 가능한 한 적게 나오도록 해야지요. '내 한 목숨과 바꿔서라도 100명을 죽여야겠다'는 원한을 조금 완화시키는 수준만 되더라도 그로 인한 사망자 수를 줄일 수 있습니다. 원한의 수준, 분노의 수준을 상대적으로 낮추는 정도밖에 되지 않겠지만요.

의사전시체제를 사는 우리

강   그런 의미에서 우리는 지금 의사疑似전시체제를 살고 있다고 할 수 있겠습니다.

우치다   온 세상이 준전시체제 상태이죠.

강 이런 상황에서 언제든지 테러나 살육을 맞닥뜨릴 수도 있다는 생각을 하니 두려워지네요. 수치로만 보면 자살자 100명과 테러의 희생자 100명이 다르지 않지만, '내가 언제라도 그런 일에 연루되어 죽을 수도 있다'는 감각은 공포를 야기합니다. 일상적 준전시체제하에서 우리가 삶을 살아가는 방식은 어떻게 변할까요?

우치다 우리는 전후 70년밖에 경험하지 못했습니다. 하지만 1945년 이전에 태어난 일본인은 태어나면서부터 줄곧 준전시체제랄까, 전시체제 그 자체를 살았습니다. 막부 말기부터 줄곧 일본은 항상 나라가 망하지 않을까 싶을 정도로 낭떠러지에 몰린 채, 10년 간격으로 전쟁이 이어졌습니다. 오히려 최근 70년간 전쟁이 전혀 없었다는 게 이상할 정도예요. 미국, 프랑스, 중국 같은 나라는 항상 준전시체제였으니까요. 준전시체제를 면할 수 있었던 나라는 세계에 일본뿐이었습니다.

이건 정말 일본국 헌법 덕택입니다. 이 평화는 일본만 향유해온 엄청난 특권이에요. 그런데 지금 일본 국민은 민주적 합의를 통해 이를 파기하려 합니다. 세계적 준전시체제 상황에서 일본만 낙원의 섬처럼 떠 있었는데 굳이

나서서 전쟁 속으로 뛰어들어 가려는 것이지요. 미친 짓이라고밖에는 할 말이 없습니다.

강　　　　　　저도 그렇게 생각합니다. 그런데 한편으로는 전후에도 후배지後背地(정치학 용어로, 한 국가가 실제로 선점한 지역의 배후에 있어서 선점의 효력이 미치는 지역을 말한다. 배후지라고도 한다-옮긴이)가 있었기에 그게 가능하지 않았나 싶어요. 오키나와도 일종의 후배지로서 일본은 거의 모든 군사기지를 그곳에 모아놓을 수 있었습니다. 지금 오키나와 기지에 대한 반발이 거세지고 독립론도 나오고 있습니다. 오키나와는 더 이상 일본의 후배지 역할을 수용할 수 없으니 본토에 있는 당신들이 후배지 역할을 맡으라는 뜻으로 들립니다. 일본은 이제 어디로 가면 좋을지를 선택해야 하는 기로에 서 있습니다. 헌법을 바꾸고 군사력을 키우고 상황에 따라서는 징병제로 바꾸자는, 도저히 제정신으로 보이지 않는 일을 아무렇지도 않게 하려는 사람들이 있고 또 그렇게 하는 게 좋겠다는 여론마저 존재합니다.

세계에서 일본만 누리던 특권을 포기하는 건 제가 보기에도 옳지 않습니다. 하지만 일본은 안보법안을 확정하여 전시체제도 불사하는 방향으로 들어가고 있습니다.

돈보다 목숨이 소중하다

우치다　　　　'돈보다 목숨이 소중하다'는 상식을 떠올리는 것이 가장 중요합니다. 일본을 전쟁이 가능한 나라로 만들려는 정치가들 중 일부는 극우 이데올로기를 이용하는데, 사실상 그들을 지지하는 사업가들은 돈벌이 기회를 노리고 있을 뿐입니다.

강　　　　　군수산업은 막대한 돈을 벌 수 있는 사업이지요.

우치다　　　　그들은 전쟁을 최후의 비즈니스 기회라고 생각해요. 일본의 경우, 오랫동안 자동차산업이 국내 산업 전체를 견인해왔습니다. 자동차산업에 석유, 제철, 유리, 고무, 플라스틱, 컴퓨터, 제네콘(종합건설general construction이라는 뜻으로, 기업은 종합적인 건설관리만 맡고 부분별 공사는 하청으로 진행하는 형태이다-옮긴이) 등이 전부 매달려 있어요. 모든 산업군이 자동차산업의 운명공동체였습니다. 그런데 이것이 한계에 다다랐습니다. 이제 더 이상 자동차 수출을 통해 일본 경제를 유지하기란 불가능해 보입니다. 자동차산업을 대신할 무언가가 필요했고,

그 자리에 무기산업이 등장했습니다. 자동차산업과 무기산업에 '매달려 있는 국내의 산업군'이 거의 같으니까요. 무기산업이 일본의 기간산업이 된다면 일본에 존재하는 모든 제조업은 무기산업에 기생하여 먹고 살 수 있게 됩니다.

무기는 아주 이상적인 상품입니다. 보통의 상품은 시장에 어느 정도 투하되면 곧 포화 상태에 다다릅니다. 충분히 공급이 되면 더 이상 필요 없어 지지요. 하지만 무기는 다릅니다. 수요가 무한합니다. 무기는 시장에 투하되면 투하될수록 수요가 늘어납니다. 그렇잖아요. 무기가 주로 하는 일이 다른 무기를 파괴하는 일이니까요. 자동차는 경쟁사의 자동차를 파괴하지 않습니다. 하지만 무기는 경쟁사의 제품이건 자사의 제품이건 가리지 않고 파괴합니다. 그것이 상품으로서 무기의 존재 이유입니다.

무기는 절대로 포화되지 않는 시장을 가진 꿈의 상품입니다. 자본주의의 성장이 한계에 도달했을 때 제조업이 무기산업에 매달린다는 계획은 경제적 합리성이라는 측면에서 당연한 결론입니다.

무기에 대한 수요가 증가하기 위해서는 일단 전 세계에서 전쟁이 일어날 필요가 있습니다. 그러니 사업가들은 전쟁을 희망합니다. 전쟁을 환영하며 필요하다면 전쟁을 벌여도 좋다고 생각하는 이들이 일본을 '전쟁이 가능한 나라'로 만들려는 아베를 적극 지지합니다.

그들은 '목숨보다 돈'을 소중히 여깁니다. 경제성장론자는 궁극의 성장 산업은 무기산업밖에 없으며, 그렇기 때문에 세계 각지에서 전쟁이 일어나지 않으면 곤란하다는 결론에 도달했습니다. 세상 어딘가에서는 항상 전쟁이 멈추지 않길 바라는 것이 오늘날 일본 사업가들의 본심이 아닐까요.

강　　　저도 동감합니다. 한국도 문제인데요, 지난 20년간 한국의 무기 수출은 10배 증가했습니다. 군사기술의 수준은 세계에서 아홉 번째입니다. 1위는 미국, 일본은 5~6위 수준이에요. 이스라엘이 제법 순위가 높고, 다음이 영국, 독일, 프랑스, 러시아로 평가됩니다. 중국은 이 순위 안에 자신들이 없다고 불평하지만, 어느 나라건 무기산업에 눈독을 들이고 있기는 마찬가지입니다.

우치다　　　저도 그렇게 생각합니다.

강　　　우리가 대학 시절에 배운 자본주의의 정의는 베버의 지적처럼 전쟁 기생적 자본주의가 아니었습니다(막스 베버는 근대 이전의 자본주의를 근대 자본주의와 엄격히 구분하여 비합리적 자본주의, 전쟁 기생적 자본주의 등으로 불렀다-옮긴이). 그 시절의 자본주의는 경제학자 오쓰카 히사오大塚久雄의 말처럼 시민의 도덕과 노동윤리에 의해 지탱되는 자생적 자본주의였습니다. 하지만 이는 자본주의의 역사상 아주 잠깐만 존재할 수 있었습니다. 결국 자본주의란 "평화로울 때나 전쟁 때나 이윤율을 높이기 위해서라면 어디든 간다", "사람이 죽든 말든 상관없다"라는 형태로 나타났습니다. 무기산업은 이런 자본주의의 상징이라 하겠습니다.

우치다　　　　이제 더 이상 경제성장의 여지가 없습니다. 그러니까 부술 수밖에 없어요. 사람이 사는 곳을 파괴하면 거기에서 새로운 수요가 또 생깁니다. 사람이 살기 위해서는 사회 인프라가 필요하니까요. 전쟁으로 도시가 파괴되면 생활을 재건하기 위해 다시 한 번 도로를 건설하고 상하수도를 뚫고 전기와 가스 등 '라이프라인 lifeline'(생활에 필수적인 전기, 가스, 수도, 의약품, 통신 등의 유통로-옮긴이)을 연결하고 학교와 병원, 주택을 다시 지어야 합니다. 이 모든 것이 거대한 경제적 수요를 낳습니다. '살기 위해서 없어서는 안 되는 것들'은 어떻게 해서라도, 제 목숨을 갉아먹더라도, 미래를 담보로 잡히더라도 말 그대로 '살기 위해서' 손에 넣어야 하기 때문입니다. '살기 위해서 없어서는 안 되는 것'을 선택적으로 파괴하는 한 경제성장은 멈추지 않습니다.

전쟁이 나면 기존의 제도와 문물은 파괴되지만 경제활동은 활발해집니다. 환경은 오염되고 파괴되지만, 상품과 자본의 이동은 활발해집니다. 성장론자들이 이런 메커니즘을 모를 리 없습니다. 경제성장을 위해서는 전쟁을 벌일 수밖에 없다는 거지요. 이건 오늘날 경제성장률이 높은 나라의 목록을 보면 알 수 있습니다. 2012년 전 세계에서 성장률이 가장 높은 나라는 리비아였습니다. 카다피 암살 후 내전을 겪고 있는 리비아가 1위라니요. 2013년은 남수단, 2014년은 에티오피아입니다. 성장률이 높은 국가는 거의 예외 없이 내전, 테러, 쿠데타의 소용돌이 속에 있습니다. 이런 나라에서는 사회 인프라가 항상 파괴되고 재건됩니다. 그러니 파괴될 때마다 경제성장률이 솟구칩니다.

경제성장론자들 가운데 이 순위를 보여주며 성장의 필요성을 설파하는 사람은 1명도 없습니다. 너무 일목요연하게 보여주기 때문이지요. 성장하고 싶으면 전쟁을 할 수밖에 없어요. 나라가 파괴되고 사람들이 죽고 자원은 치명적 손해를 입지만 경제성장률은 높아집니다. 살기 위해 필요한 것을 파괴하고, 다시 살기 위해 필요한 것을 수중에 넣는 활동을 가속시킵니다. 정신이 똑바로 박힌 사람이라면 이게 얼마나 어리석은 일인지 알아야 하지만, 그걸 몰라요. 혹은 모르는 척하지요.

본래 경제활동은 인간의 성숙을 지원하기 위해 고안된 장치입니다. '교환'을 통해 인간은 타자와 만나는 기술을 개발했습니다. '교환'은 인간의 성숙을 위한 행위이며 인간을 보다 행복하게 만들기 위한 제도입니다. 따라서 경제활동 때문에 인간이 고통을 받거나 죽는다면 이는 경제의 본의를 어그러뜨리는 일입니다.

강   '블랙기업'은 노동자가 죽을 때까지 일을 강요합니다. 다른 인간은 죽든 말든 우리는 돈만 벌면 된다고 당당하게 말하는 기업의 오너를 도처에서 발견할 수 있습니다. 그런데 바로 이 장면이 현대 자본주의를 대표합니다.

우치다   그들을 향해 '네가 틀렸다'라고 분명하게 가르쳐주어야 합니다.

강   확실히 현대는 도착倒錯 상태입니다.

우치다   네. 도착되어 있습니다. 돈보다 목숨이
소중하다는 당연한 사실을 다시금 명심해야 합니다. 전
쟁도 테러도 없는, 가난하지만 안심하고 생활할 수 있는
세상이 전쟁이나 테러가 빈발하지만 비즈니스 기회가 있
는 세상보다 훨씬 살기 좋지 않습니까. 하지만 그걸 모르
는 사람이 많습니다.

3장

제국의 재편과
코뮌형 공동체의 활성화

1902년의 세계지도.

국민국가의 해체와 세계의 제국화

강　　　　　국민국가의 액상화가 시작되었다고 하셨는데, 국민국가가 액상화되어 없어진다면 그 후 어떤 세계가 오리라고 예상하십니까?

우치다　　　나카타 선생은 제국으로 분할된다고 예측하더군요.

강　　　　　중동에서 그런 일이 일어나고 있지요.

우치다　　　네, 지금 중동에서 일어나는 일을 '오스만제국으로의 회귀'라고 봐도 무방합니다. 오스만제국이 사이크스피코협정으로 해체되고 몇 개로 쪼개지면서 만들어진 국민국가들은 분할된 지 100년 만에 파탄국가가 되었습니다. 이 지역의 질서를 재건하기 위해서는 지금보다 강력한 통치기구를 갖고 있던 과거의 제도를 참조할 수밖에 없습니다. 나카타 선생이 '칼리프제 재부흥'(수니파의 대리인, 후계자를 뜻하는 정치·종교·군사적 지도자 칼리프에 의한 통치제도를 회복하자는 운동)을 주장하는 이유도 여기에 있습니다.

이 움직임이 어디서부터 시작될지 예측하기는 어렵지만, 나카타 선생은 실크로드에 주목하고 있습니다. 중국은 '일대일로一帶一路'를 구상하고 있지만, 신장위구르에서 카자흐스탄, 투르크메니스탄, 아제르바이잔으로 이어지는 이 지역은 투르크계 수니파 주민이 거주하는 곳입니다. 실크로드를 서역에서 이스탄불까지 이어진 투르크계 '수니파의 회랑'이라고 볼 수 있을 정도로, 이 지역은 인종적으로나 종교적으로나 하나로 묶여 있습니다.

이것을 행정적으로 잘게 잘라놓았기 때문에 우리에게는 하나로 보이지 않지만, 유목민의 우주론적 관점에서 보면 '일대일로'는 말 그대로 '한 덩어리'라고 하겠습니다. 투르크계 수니파 회랑의 연장선상에 중근동, 마그레브가 있습니다. 지금 계속되고 있는 국민국가 융해 현상의 많은 사건들이 바로 이 선 위에서 일어나고 있지요.

문명사적 경향을 대략적으로 살펴보면, 이 지역의 인위적 국경선이 언젠가는 소멸되고 그 대신에 거대한 이슬람권이 형성될 가능성이 있습니다. 그것이 도대체 어떤 사회일지 정체는 알 수 없지만 오스만제국의 판도가 회복되는 방향으로 조금씩 움직이고 있다고 느낍니다.

수니파 벨트의 형성을 경계하는 시아파 이란은 미국, 러시아, 중국과 연계하여 이를 막으려는 움직임을 보입니다. 과거로부터 이어진 '일국주의적' 국제관계, 즉 국민국가들이 자국의 이익을 추구하기 위해 다른 국민국가와 싸우거나 동맹하는 현상으로만 이해해서는 이 흐름을 제대로 읽어낼 수 없습니다.

강　　　　국민국가의 해체는 전 세계적 현상입니다. 중동뿐 아니라 여러 지역에서 제국이 부활하게 될지도, 어쩌면 이미 부활하기 시작했을지도 모르겠네요.

우치다　　　국민국가가 액상화되면 당연히 새로운 질서가 형성됩니다. 국민국가의 구심력이 약해지면 인위적 국경을 넘어 종교와 언어, 생활과 문화를 공유하는 하위집단이 횡으로 연결됩니다. 그 결과 몇 개의 '제국권'이 형성될 테지요.

푸틴 '황제'가 이끄는 러시아제국, 시진핑 '황제'의 중화제국, '칼리프'가 이끄는 오스만제국, 페르시아제국과 무굴제국에, 유럽은 신성로마제국의 형태를 띠게 될지도 모르겠네요. 혹은 독일이 새로운 제국동맹의 맹주가 된다면, 이는 독일 '제4제국'이 될 것입니다. 그리고 신세계에는 천천히 영락의 길을 걷고 있는 아메리카제국이 있군요. 그런 식으로 몇 가지 '제국권'으로 나뉠 거예요.

이 가정은 새뮤얼 헌팅턴Samuel P. Huntington의 『문명의 충돌The Clash of Civilizations and the Remaking of World Order』이나 로렌스 토브Lawrence Taub의 『3가지 원리The Spiritual Imperative』의 주장과 겹치는 부분이 있습니다. 두 책은 정확한 데이터보다는 지은이의 감에 기대어 미래에 관한 '거창한 이야기'를 풀어낸 내용이지만 은근히 무시하기 어렵습니다.

제국 재편의 코스몰로지와 종교

강　　　　오늘날 세계자본주의의 대항축으로서 제국화가 진전될 수 있다고 보시나요?

우치다　　　　작금의 현상은 글로벌화가 아니라 '제국화'입니다. 언어도 다르고 종교도 다르며 가치관이나 미의식, 코스몰로지(우주론)도 다른 몇 개의 제국권이 각각 제 문화의 탁월성과 보편성을 요구하지 않으며 공존하게 되겠지요.

강　　　　예전과 비교한다면 일종의 블록경제

같은 것인가요?

우치다　　　　블록경제의 경우 설계자가 있습니다. 하지만 제국화는 그렇게 의도적으로 구축되지 않는, 보다 자연발생적이고 문명사적 분할이 아닐까 합니다. 오늘날의 글로벌화는 현실적으로 미국이 주도하잖아요. 공용어는 영어고 국교는 기독교이며, 돈을 가진 사람이 가장 훌륭하다는 가치관을 공유합니다. 이 문화권의 규모는 크지만 미국이라는 지역의 민족지적 편견을 양적으로 확대한 현상에 지나지 않습니다. 이것으로 세계를 뒤덮으려 했지요. 그렇게 하면 '역사의 종말'이 오리라 믿었으니까요. 하지만 '역사의 종말'은 오지 않았습니다. '로컬' 미국의 민족지적 편견으로는 세상을 장악할 수 없었습니다. 미국의 글로벌리즘이 이슬람 공동체와 충돌했기 때문입니다.

글로벌 공동체라는 점에서 보면 이슬람 공동체의 역사가 훨씬 더 깊습니다. 그들은 7세기부터 존재했으니까요. 모로코에서 인도네시아에 이르는 인구 16억 명의 거대한 공동체입니다. 이 공동체는 종교와 언어, 식문화, 복식 규정 등을 공유합니다. 그중에서도 특히 '자카트Zakat의 문화'(자카트는 이슬람의 5대 의무 중 하나로, 이슬람 문화에서는 가

난한 사람들을 위한 종교세에 대한 의무와 자발적 기부를 중시한다. 희사喜捨라고도 한다-옮긴이)라는 고유의 경제 감각을 공유합니다. 이런 사람들에게 "너희들이 믿고 실천하는 종교는 사실 지역적 풍습일 뿐이다. 그것을 버리고 글로벌 스탠더드를 따르라"라고 한들 통하겠습니까. 특히 '돈 있는 사람이 최고'라는 글로벌 자본주의의 기본 믿음은 이슬람의 가치관과 공존할 수 없습니다.

글로벌리스트에게는 '돈 있는 사람이 최고다. 모든 사람은 돈을 모으기 위해 살아야 한다'는 생각이 당연합니다. 하지만 돈보다 신의 가르침을 따르는 일이 더 중요하다고 믿는 사람들이 있습니다. 이렇게 되면 충돌은 당연합니다. 개신교와 자본주의는 궁합이 좋지만, 이슬람과 자본주의는 궁합이 나쁩니다.

강   이슬람 공동체는 글로벌 자본주의 세계의 바깥에 있었기 때문에 미국의 글로벌리즘과 섞이지 못한 것일까요?

우치다   역사적으로 이슬람권은 오랫동안 자본주의의 수탈 대상이었습니다. 그런데 이 문제도 근본적으로 종교 문제가 아닐까 합니다. '희사의 문화'와 '환대의 문화'는 유목민이 살아가는 데 있어서 가장 중요한 도덕이니까요.

이기적으로 행동하면 사막에서 살아남을 수 없습니다. 가장 중요한 생활 자원을, 그것 없이는 생존할 수 없기에, 타자와 공유하지 않으면 안 됩니다. 글로벌리스트는 이런 발상을 절대로 이해하지 못합니다.

나카타 선생이 말하기를, 이슬람권에서 택시를 탔을 때 운전사가 물을 마시는 모습을 물끄러미 보고 있으면 너도 마시겠느냐고 물어본다고 합니다. 이것이 유목민의 문화입니다.

무라카미 류村上龍의 에세이에서도 읽었어요. 방송국 사람들과 함께 '파리-다카르 랠리' 취재를 갔을 때 겪은 일이랍니다. 일본인 방송국 스태프 1명이 생수병에 자기 이름을 써놓았더니 그걸 본 현지 스태프들이 이런 녀석과는 같이 일 못 한다면서 그만두겠다고 했대요. 일본인의 관점에서는 사막에서 물이 없으면 큰일이니 자기 것을 챙겨두는 게 당연하지만, 유목민은 그렇게 생각하지 않습니다. 물이 부족한 사막에서 누군가가 물을 사적으로 독점해서는 안 된다고 생각합니다. 이런 차이를 우리는 잘 몰라요.

유목민은 자기 천막으로 찾아온 사람을 쫓아내지 않습

니다. 생면부지인데도 식사를 제공하고 하룻밤 쉬어가게 합니다. 그렇게 행동하는 것이 스스로 살아남는 데에도 유리하기 때문입니다. 이는 합리적 행동입니다. 자신도 유목민이니 언제 물과 식량 없이 황야를 헤매게 될지 모릅니다. 그때 황야 저편에서 천막을 발견합니다. 그곳으로 가서 물을 부탁해야 하는데, 물을 얻을 수 있을지 없을지가 천막 주인의 인간성에 따라 결정된다면 어떨까요. 착한 사람을 만나면 살아남고 구두쇠를 만나면 죽는다는 건 곤란합니다. 어떤 경우라도 사막에서 천막을 발견했다면 도움을 받을 수 있어야 합니다. 그 결과 황야에서 생존하는 데 필요한 자원을 언제나 타자와 공유한다는 도덕이 신체화되었습니다.

이렇게 보면 난민이 제 나라를 떠나는 이유도 당연해집니다. 일본 사람은 아마 이들만큼 간단히 난민화하지는 않을 거예요. 왜냐하면 아무것도 없이 이국을 방황하다가 모르는 집 대문을 두드려 음식과 하룻밤의 잠자리를 애원한다 한들 상대방이 절대 들어주지 않을 거라고 생각하니까요. 일본인은 '낯선 외국인이 찾아와서 갑자기 문을 두드린다고 해도 절대 집으로 들이지 않을 거야'라고 생각합니다. 하지만 유목민은 타자를 환대해야 한다는 의무를 지킵니다. 내가 누군가를 환대하면 누군가도 나를

사막의 유목민은 가장 중요한 생활 자원을
타자와 공유한다. 그것은 자신의 생존을
보존하기 위한 합리적인 행동이다. 반면
글로벌리스트는 이런 발상을 이해하지
못한다. 그들에게 생존을 위한 합리적인
행동은 사적 소유를 늘리는 것이다.

환대할 것이라고 기대해도 좋다고 추론합니다. 그러니까 커다란 심리적 저항 없이 다른 나라로 떠날 수 있습니다.

강　　　　　제국의 코스몰로지나 종교 등의 요소를 고려했을 때 가장 현실성 있는 시나리오는 화폐의 통합입니다. 만약 이슬람권의 통화가 SDR(Special Drawing Rights, 국제통화기금IMF의 특별인출권)의 구성통화가 된다면 가능성은 더욱 높아지겠지요.

우치다　　　글쎄, 어떨까요. 이슬람 국가들 가운데 돈이 있는 나라는 사우디아라비아와 아랍에미레이트연합 정도입니다.

강　　　　　예를 들어 투르크권이 확장되면서 달러 이외의 통화가 중앙아시아 각지로 유통되면 충분히 가능성이 있지 않을까요. 2016년에 IMF는 특별인출권의 구성통화를 재편했습니다. 중국의 위안화가 다섯 번째 구성통화로 받아들여졌지요. 이로써 미국의 달러화가 전 세계의 기축통화로서 설 자리는 더욱 좁아졌다고 할 수 있습니다.

우치다　　　그런데 이런 상황을 기축통화를 둘러싼 국민국가 간의 헤게모니 싸움으로만 보는 것은 정확한 분석이 아닙니다. 국민국가체제가 시작된 것은 17세기 베스트팔렌조약 때부터지만 지금과 같은 형태가 된 것은 아프리카의 많은 나라들이 독립한 1960년대에 이르러서입니다. 제도로서의 국민국가는 그 역사가 짧습니다. 이 얄팍한 역사를 가진 정치제도가 벌써 액상화하고 있습니다. 장기적으로 봤을 때 안정적인 옛 제도로 돌아가려는 움직임은 자연스러운 흐름입니다.

앞에서도 이름이 잠깐 나왔지만, 로렌스 토브라는 미래학자는 앞으로 세계가 몇 개의 블록으로 나뉠 것이라 예언했습니다. 그에 따르면 중국, 한국, 타이완, 일본이 '유교권Confico'을 형성합니다. 러시아와 캐나다, 미국이 '북극권Polario'이라는 블록을 만든다는 예측은 흥미롭습니다.

강　　　캐나다와 미국 사이에 러시아가 들어가다니요? 그건 어떤 공동체인가요?

우치다　　　토브를 만났을 때 그 이유를 물어보았습니다. 그는 러시아와 미국의 건국 조건이 매우 비슷하기 때문이라고 설명하더군요. 둘 다 이데올로기 위에 국가를 세웠다고요.

강　　　　　　지금의 러시아는 이데올로기와 별로
상관없어 보여요. 그들은 제국이잖아요.

우치다　　　　그렇습니다. 구소련과 미국이라면 비
슷한 점이 있지만 푸틴의 제국은 이미 이데올로기의 나
라라고 부를 수 없습니다. 토브는 20년 전 소련 붕괴 직
후의 상황을 바탕으로 예상했습니다. 하지만 국민국가가
해체되고 몇 개의 제국으로 분할되고 있다고 보는 점에
서 나카타 선생의 이야기와 통하는 부분이 있습니다.
그렇다면 일본은 '아메리카제국'의 서쪽 변경邊境이 될지
'중화제국'의 동쪽 변경이 될지, 둘 중 하나를 고르게 될
텐데요. 예전의 류큐왕국(지금의 오키나와)이 중국과 일본
사이에서 그랬던 것처럼, 미국과 중국 양쪽으로 '조공을
할' 가능성도 있습니다.

강　　　　　　그것이 지금의 한국입니다. 친미화중親
美和中을 기조로 삼고 있으니까요.

우치다　　　　한국과 타이완 같은 동아시아 국가는

일단 그런 형태가 되리라고 예상합니다. 한국, 타이완, 일본이 미국과 중국 양쪽에 조공을 하고 두 강대국의 힘겨루기 사이에서 합종연횡하며 적절히 균형을 잡아가는 상황이 올 수도 있습니다. 어쩌면 이것이 변경에 자리한 국가의 숙명일지도 모릅니다.

코뮌형 연합체를 기축으로

강　　　　덧붙이자면 광역화와 동시에 협소화도 진행 중입니다. 저는 로컬라이즈localize라는 현상 또한 더욱 가속화되리라고 생각합니다.

우치다　　　　저도 그렇게 생각합니다. 국제화는 반드시 지역화를 부릅니다. 모든 신민이 동포라는 감각을 공유하며 일체화되기에는 제국의 크기가 너무 큽니다. 그렇다 보니 개인은 더 작은 지역공동체에서 소속감을 느끼게 됩니다. 자연 환경이 같거나 사투리가 같거나 식문화나 제사 문화가 같은 지역공동체가 사람들이 소속감을 느끼는 집단이 되겠지요.

강　　　　　　그 예로 등장한 현실이 분리주의랄까요…. 분리독립주의를 예로 들면 영국의 스코틀랜드나 스페인의 바스크가 있겠네요. 일본에서라면 오키나와가 독립 노선일지도 모르겠습니다. 역으로 분리독립운동이 국민국가의 액상화를 추동하는 힘이기도 하네요.

우치다　　　　스코틀랜드, 카탈루냐, 바스크 등은 국민국가의 액상화를 배경으로 독립의 움직임이 시작되었습니다. 국민국가의 통합력이 충분히 강하고 중앙정부의 통제력이 미치고 있다면 오키나와 독립 같은 이야기는 안 나왔을테지요.

강　　　　　　이런 움직임은 앞으로 더욱 강해지지 않을까요.

우치다　　　　점점 많아지겠지요. 유럽 각지에서 이런 움직임이 일고 있어요. 벨기에의 경우, 플라망어, 독일어, 프랑스어 등을 사용하는 각각의 언어공동체가 정치적 자치를 요구했습니다. 그 와중에 작은 나라가 6개의 자치체로 나뉘었어요. 이런 식으로 언어가 다른 사람들과 같이 살 수 없다고 하기 시작하면, 결국엔 우리 마을과 이웃 마을은 사투리가 다르니까 함께 갈 수 없다고 할지도 모릅니다. 이런 것까지 인정하다 보면 정말 한도 끝도 없어요. 공동체의 정체성을 '일체감을 갖는 사람들'이라는 식으로 애매하게 규정한다면 엄청나게 세분화될 가능성이 있습니다.

프랑스와 이탈리아의 기초자치단체는 코뮌입니다. 그런데 각 코뮌은 저마다 규모가 다릅니다. 1,000명 단위의 코뮌도 있고 10만 명 단위의 코뮌도 있습니다. 하지만 크기와 상관없이 모든 코뮌에는 시장과 시의회가 있으며 시청이 있습니다. 얼핏 보면 비효율적으로 보일 수도 있지만 아주 잘 작동합니다. 왜냐하면 코뮌이 옛 가톨릭 교구와 일치하기 때문입니다. 교회를 중심으로 교구민이 모여 기초자치단체를 형성하고 있습니다. 교회에 대한 소속감, 교구민에 대한 동포의식 같은 환상을 바탕으로 하고 있기에 서로 크기가 달라도 문제가 없었습니다. 그런데 앞으로 국민국가가 액상화하는 과정에서 이탈리아나 프랑스의 코뮌이….

강   줄어들 가능성이 있군요.

우치다   코뮌의 통합력과 국민국가의 통합력이 모두 약해질지도 모릅니다. 벨기에처럼 지역공동체가 더욱 세분화될 가능성도 있습니다. 일본의 경우, 저는 아주 예전부터 '폐현치번'을 주장했습니다(메이지유신 때 지방통치를 담당하던 번을 없애고 현을 두어 중앙정부의 통제를 강화한 '폐번치현'의 반대 개념이다-옮긴이). 이것은 경제학자 사카키바라 에이스케榊原英資의 주장과 같습니다.

강　　　　　도주제(일본의 행정구역 개편 방안 중 하나로, 일본의 행정구역을 현행의 도도부현에서 도道와 주州로 바꾸는 것을 가리킨다-옮긴이)는 어떤가요?

우치다　　　　　도주제와는 발상이 반대예요. 도주제는 행정의 효율성을 위해 관료가 책상에 앉아 계산해서 만든 제도이니까, 말하자면 사이크스피코협정과 유사합니다. 제가 생각하는 '폐현치번' 구상은 오히려 유럽의 코뮌에 가까운 단위입니다.

지역 생활문화의 동일성을 기초로 '아래에서 위로' 형성된 공동체입니다. '자신의 주변'이 내가 뿌리내린 장소이고, '이 사람들'이 나의 동향인이며 동포라는 신체적 실감에 기초한 기초자치체입니다.

도주제에서는 자치체가 면적과 인구와 법인 수, 세수 같은 수치에 기초하는 선 긋기로 구분됩니다. 그런 식으로 계산기를 두드리고 자로 재어 만든 자치체는 결국 제대로 기능하지 못하게 됩니다. 일체감이 없으니까요. 도도부현은 만들어진 지 150년이 지난 지금까지도 '구니國'(옛날 일본의 행정구역이자 일반적으로 고향을 이야기할 때 쓰이는 말이다-옮긴이)로 인식되지 않았습니다. '구니가 어디인가요?'(고향이나 출신지를 물을 때 '구니'라는 말을 사용한다-옮긴이)라는 질문에 '효고입니다'라고 대답하는 사람이 제 주위에는 없습니다(효고현은 폐번치현에 의해 만들어진 행정구역이다-옮긴이). '고베입니다'라든가 '다지마입니다', '반슈입니다' 혹은 더 작지만 자신에게 리얼리티가 있는 지명으로 대답합니다. 효고현이라는 '지역'을 실감할 수 없기 때문입니다. 그렇지 않습니까. '효고의 명물'도 없고 '효고 사투리'도 없으며 '효고 현민성'이라는 것도 없습니다. 이보다는 예전 번의 경계가 보다 더 현실적인 지역 구분입니다.

강　　　　　그렇군요. 저도 비슷한 생각을 했습니다. 규슈 구마모토에서 전국 각지에서 귀향한 사람들을 만났습니다. 고향으로 돌아온 사람이 제법 많아요. 회귀족은 '지방창생地方創生'(지방의 인구 감소를 막고 지역에 활력을 주기 위한 아베 정권의 정책이다-옮긴이)은 그저 말만 떠들썩할 뿐 결국 중앙 지배 아니겠느냐고 생각해요. 현보다 넓은 단위를, 혹은 말씀하신 몇 가지 코뮌을 중층적으로 만들어간다면 그 역학이 국민국가를 해체시키는 방향으로 작동하지 않을까요.

우치다　　　현재 일본은 모든 권한과 정보 그리고 이권이 중앙에 집중되어 있습니다. 그 때문에 국민국가 전체가 공중에 붕 떠 있는 상황입니다. 국가의 자원을 더 분산시켜야 합니다. 중앙집권을 그만두고 보다 더 작은 기초자치단체로 권한을 분산해야 합니다. 그러한 자치체들의 느슨한 '연방'이 일본에 훨씬 더 어울리는 안정적 형태라고 생각합니다.

실제로 일본은 150년 전까지는 1000년 이상을 지속해온 천황제하의 '연방제' 국가였습니다. 일본의 엘리트들은 무슨 일만 나면 '미국의 시스템을 배워야 한다'고 하잖아요. 그러면 일단 연방제부터 배워오면 좋겠어요. 미국은 각 주마다 세금제도, 교육제도, 사법제도가 다릅니다. 연방제의 성공에 힘입어 세계의 초강대국이 되었으니 배울 점을 찾는다면 일단 거기서부터 아닐까요.

미국의 '주州'제도와 유사한 형태가 일본의 막번체제입

니다. 행정 경험을 풍부하게 쌓은 사람들이 순번제로 번주를 맡아 국정을 담당합니다. 막말 사현후(막부 말기에 활약한 4명의 다이묘)처럼 난세에 국정의 키를 잡을 수 있을 정도로 도량이 넓고 견식이 있는 번주를 제도적으로 육성했습니다. 이는 많은 대통령이 주지사를 거치며 행정 경험을 쌓은 후 백악관에 들어간 미국의 시스템과 비슷하다고 생각합니다.

미국의 주가 어느 날 갑자기 만들어지는 것은 아닙니다. 먼저 독립을 해야 합니다. 그 뒤에 준準주가 되고 최종적으로 의회의 승인을 받아 정식 주로 승격됩니다. 일본도 이런 방식을 취할 수 있을 거예요. 다들 '우리나라'(くに, 구니-옮긴이)라고 여기는 지역이 있습니다. 그곳을 독립적으로 운영하면 일본의 스테이트가 됩니다. 이 스테이트가 연합하여 유나이티드 스테이트 오브 재팬을 형성합니다. 이러면 되지 않나요?

강　　　　　그 부분은 저도 같은 의견입니다.

우치다　　　네. 이렇게 열심히 이야기하고 다니다 보면 제법 큰 흐름이 될지도 모르겠어요.

강　　　　　오늘 강연에 많은 분이 발걸음을 해주셨습니다. 사상과 철학에 관해 학생들과 이야기를 나눌 수 있는 열린 공간이 있다는 사실이 기쁩니다. 여기까지 와주신 여러분의 의견도 듣고 함께 이야기하고 싶습니다. 질문이나 의견이 있으면 편하게 말씀해주십시오.

Q ──────── '비대칭 전쟁'이란 표현도 있지만, 사실 제국화와 테러는 수레의 양쪽 바퀴가 아닐까요. 오늘날 많은 나라가 우경화하거나 배타주의 노선으로 돌아서고 있습니다. 모든 국가가 배타적 사고를 가지게 된다면 무서울 것 같아요. 한 반에 1번에서 40번까지 40명의 학생이 있다고 했을 때, 그 속에는 낙제생까지 포함됩니다. 만약에 한 학년의 낙제생을 모두 같은 반에 모은다면 그 반은 보다 과격해지겠지요. 배제를 더 강화해서 따로 '똥통 학교'를 만든다면 그 학교의 학생 모두가 과격해져서 테러리스트처럼 행동하지 않을까요? 이런 일이 전 세계에서 벌어진다면 말도 안 되는 테러 국가가 출현할 거예요.

저 역시 군수산업은 제국 간의 싸움을 위한 무기의 수요를 충족시키는 산업이 아니라 난민이 발생하는 나라의 사회·경제적 왜곡을 고착시키는 산업이라 생각합니다. 그에 대한 반발이 테러의 형태로 불거져 나오는 중인데요, 전부 글로벌화의 필연이 아닐까요. 글로벌리즘은 역시 좋지 않다는 결론이 납니다만, 어딘가에서 글로벌리즘의 톱니바퀴를 멈출 수는 없을까요?

강　　　　　글로벌화가 얼마나 필연적인지와 상관없이 지금 세계자본주의에는 대안이 없다고 생각하는 사람이 많은 것 같습니다.

우치다　　　그러게요. 그런데 글로벌화는 미국이라는 초강대국이 주도하고 있을 뿐, 실체는 로컬한 운동입니다. '글로벌 지향'은 미국의 고질병이에요. 자국의 표준을 세계의 표준으로 만들려는 나라는 미국밖에 없습니다. 이것을 진정한 의미에서 '글로벌 지향'이라고 보긴 힘들지요. 앞으로 미국이 쇠락하여 국제사회에서 존재감이 희박해지면 글로벌화를 주도하는 나라가 없어질 거예요. 물론 글로벌 기업은 여전히 활동하겠지만 세계의 모든 나라에 시장을 개방하라고 요구하고 또 동일한 언어, 동일한 통화, 동일한 도량형, 동일한 가치관을 요구하는 정치 세력은 쇠퇴할 것입니다.

글로벌리즘이란 기간이 한정적이고 지역도 한정적이에요. 30년 전만 해도 일본에서는 아무도 '글로벌리즘'이라는 말을 쓰지 않았어요. 마치 아주 오래전부터 있었던 것 같지만 지금 쓰는 용법으로 일상어휘로 들어온 지는 겨우 20년밖에 되지 않았습니다. 20년 뒤에는 글로벌리즘이라는 말을 쓰는 사람이 없을지도 몰라요.

강   우리는 마치 옛날부터 쓰던 말인 양 사용하지만 겨우 20년밖에 안 되었군요.

우치다   바로 지금 일어나는 일시적이고 단기적인 것과 긴 세월의 풍파를 견디고 지금까지 살아남은 것이 동시에 존재하기 때문에 우리는 모두 똑같이 취급하지만, 최근에 생겨난 것은 아무래도 눈 깜짝할 사이에 사라져버릴 가능성이 높아요.

이슬람 공동체만 해도 그래요. 7세기부터 존재한 이런 글로벌 공동체의 존재를 20세기 말에 이르러 미국의 글로벌리즘이 나올 때까지는 국제 정치에서 중요한 요소로 여기지 않았잖아요. 제국주의 시대에도, 동서냉전 시대에도, 남북 문제 시대에도, 그리고 포스트 식민주의 시대에도 이슬람권이 글로벌 공동체라는 형태로 인식된 적은 없습니다. 마치 존재하지 않는 것처럼 여겼지요.

그런데 미국이 주도하는 글로벌리즘이 세계를 장악하려

는, 역사상 최초의 기획이 시작되고서야 이슬람권이 글로벌리즘에 비타협적인 저항 세력으로 등장했습니다. 이전까지는 '존재하지 않던' 정치적 현실, 즉 모로코에서 인도네시아에 이르는 이슬람권이 실재하며 그들은 다른 역사를 살면서 '플랫화'(획일화, 평준화라는 의미이다-옮긴이)를 거부하고 있다는 사실이 비로소 가시화되었습니다. 그러니까 이슬람 공동체의 리얼리티도 미국 주도의 글로벌리즘이 쇠퇴하면 다시 무대 뒤로 모습을 감출지도 모릅니다.

강　　　　글로벌리즘이 대두하는 데는 금융과 IT의 역할이 컸다고 생각합니다. 돌이켜보면, 1달러는 360엔이라는 고정상장제하에 있던 전후 일본에서 닉슨 쇼크(1971)로 갑자기 금과 달러의 교환이 멈췄습니다. 미국이 베트남전쟁으로 인한 재정 악화를 해결하기 위해 취한 달러 방위책이었지요. 미국이 자본의 자유화를 추진하면서 일본의 경제도 변동상장제로 바뀌었습니다. 금융이라는 측면에서 글로벌화를 본다면 변동상장제가 시작점이었다고 생각합니다. 그렇다면 글로벌화란 실은 영속적이지 않으며 글로벌화의 쇠락 또한 충분히 가능한 이야기가 아닐까요.

군수산업의 목적이 제국 간의 전쟁이 아니라 오히려 제국의 후배지를 부수고 새로 건설(스크럽 앤드 빌드 scrap and build)하는 데 있다는 점은, 말씀하신 대로라고 생각합니다. 그렇기 때문에 제국은 후배지를 반드시 확보하려 하지요. 이 또한 글로벌화의 필연일지도 모르겠습니다.

난민에게 소속감을 주는 공동체의 지원

Q ─────── 난민의 발생이 세계화의 필연적 결과라는 이야기와 실천적으로 생각했을 때 내가 죽더라도 남을 죽이고 싶다고 생각하는 사람의 수를 줄이는 것이 과제라는 이야기가 인상적이었습니다. 그런데 이미 난민이 된 사람들에게 소속감을 줄 수 있는 지원책이 무엇이라 생각하십니까? 현재처럼 돈, 먹거리, 학교와 의료시설 건설 등이 아마도 문화자본으로 이어질 텐데요, 이 밖에도 어떤 형태의 지원이 가능할까요?

우치다 유럽에서 비교적 저항 없이 난민을 수용하고 있는 나라는 독일입니다. 그 첫 번째 이유는 독일인의 죄의식 때문입니다.

2차 세계대전 때 독일은 소련 동구 지역에서 민간인의 18퍼센트 이상을 살해했습니다. 독일 국내에서도 10만 명의 정신병 환자와 수십만 명의 집시, 600만 명의 유대인을 죽였습니다. 이는 어떻게 해도 부정할 수 없는 사실입니다. 전후 독일은 다른 나라보다 더 높은 수준의 인도적이고 윤리적인 책무를 지는 것을 국가의 이념으로 삼았습니다. 독일은 다른 나라와 비슷한 정도로 '평범하게 인도적'이거나 약자를 위한 지원체제를 '일단 갖추는' 것만으로는 속죄할 수 없습니다. 나치가 저지른 너무나도 큰 죄를 씻어내기 위해서 독일은 '다른 나라 이상으로' 윤리적 행동을 해야 할 의무가 있습니다. 이 감각이 현대 독일인의 마음속에 있어요. 말로는 설명하지 않더라도 말이지요.

유럽의 다른 나라, 예를 들어 프랑스는 전쟁범죄를 반성하지 않습니다. 당연히 '다른 나라 이상으로 인도적이어야 할 책무가 있다'고 생각하지도 않습니다. 자유·평등·박애의 원리를 걸고 있으며 프랑스의 국경은 모든 이에게 열려 있다는 원칙은 있습니다. 하지만 인종차별을 주장하는 국민전선이 얼마 전 의회선거에서 28퍼센트의 득표율을 올리면서 수많은 선거구에서 제1당이 되었습니다. 또한 이민자들에 대한 차별과 박해가 일상적으로 존재합니다.

유럽에서 추축국에 붙었다가 패전국이 된 나라는 헝가리, 핀란드, 루마니아, 불가리아, 슬로바키아, 크로아티아 등 한 손으로 다 못 꼽을 정도입니다. 이탈리아와 프랑스의 파시스트 정권은 자국 내 공산주의자와 리버럴리스트를 탄압하고 유대인을 적발하여 강제수용소로 보냈습니다. 그런 그들이 이제 입을 싹 닦고 자신에게는 윤리적 부채가 전혀 없다는 듯한 얼굴을 하고 있습니다. 이건 옳지 않습니다. 자국의 오점을 제대로 직시해야 합니다. 그들도 자신들이 중동에서 오는 난민에게 "골치 아프다"라고 할 입장이 아님은 잘 알고 있을 터입니다.

영국은 비교적 '어른스러운' 대응을 하고 있습니다. 물론 영국도 제국으로서 악랄한 식민지 수탈을 자행했습니다. 하지만 7개의 바다를 지배하던 대제국을 더 이상 운용할 자원이 없다고 판단한 그들은 제국을 정리하고 대서양의 작은 섬나라로 덩치를 줄였습니다. 세계제국을 일국으로 축소시키는 데 성공한 것이지요. 이를 제대로 평가하는 사람은 별로 없지만, 저는 훌륭한 성공 사례로 봅니다.

제국을 단기간에 섬나라로 줄이는 과정에서 영국의 시스템이 덜컹거렸습니다. 하지만 망국의 위기까지는 이르지 않았습니다. '영국병'이라 불리는 사회적 정체 정도에서

전후 독일은 다른 나라보다 더 높은 수준의
인도적이고 윤리적인 책무를 지는 것을
국가의 이념으로 삼았다. 나치의 역사를
씻어내기 위해서 독일은 '다른 나라
이상으로' 윤리적인 행동을 해야 할 의무를
스스로 부여했다.

멈췄어요. 그 시기 영국에서는 아일랜드공화군IRA(Irish Republic Army. 아일랜드 무장독립투쟁 단체로, 2005년 무장투쟁 종결을 선언했다)의 테러가 발생하고 청년 실업률도 치솟았습니다. 저는 영국이 무너지리라고 전망했어요. 이를테면 글로벌 기업이 지사와 해외의 공장을 전부 팔고 창업 당시의 마을 공장으로 되돌아온 상황이나 마찬가지였으니까요. 그런데도 도산하지 않고 그럭저럭 국가를 꾸려나가는 모습을 보면서, 역시 대단하다고 생각했습니다.

작은 나라가 군사력과 경제력을 길러서 세계제국을 넘보는 과정에서는 갖가지 위세 좋은 대의명분을 늘어놓기 마련입니다. 역으로 세계제국이 일국으로 축소되는 과정에서는 그 의의를 당당하게 선언할 수 있는 원리원칙을 찾기 어렵습니다. 있을 수가 없지요. 어떻게 발버둥을 쳐도 안 되니 제국 경영을 포기한 거잖아요. 어떤 대의명분도, 멋진 수사도 없이 현실에 어떻게 대처할지를 그때그때 판단할 수밖에 없습니다. 제국을 줄여나간 역사적 선례는 존재하지 않으니까요. 그렇기 때문에 영국이 20세기에 거쳐온 길을 더욱 높이 평가해야 한다고 생각합니다.

여기에서도 알 수 있지만, 영국은 원리주의의 나라가 아닙니다. 사물을 볼 때 '원리의 문제'가 아니라 '정도의 문제'로 생각합니다. 실용적이고 계량적이며 경험적인 방

위험하지 않은 몰락

식으로 궁리합니다. '절대적으로 옳은 답'이 아니라 '좀 더 나은 답'을 구하며, 경우에 따라서는 '아무것도 선택하지 않습니다'. 영국은 유럽의 다른 나라와 달리 반유대주의의 사회적 영향력이 크지 않았습니다. 물론 영국에도 민족차별주의자는 존재하지만 프랑스 국민전선처럼 큰 세력이 되지는 못했습니다. '자유·평등·박애'의 나라에서는 반유대주의가 나오고 파시즘이 나오고 인종차별주의가 나왔지만, 영국 같은 경험주의의 나라에서는 그것이 강한 정치적 영향력을 갖지 못했다는 사실이 무엇을 의미하는지 진지하게 살펴봐야 합니다. 영국은 아마도 '상식의 나라'일 것입니다. '절대적으로 옳은 답'의 존재를 믿지 않는 사람은 '절대적으로 사악한 사람'이 있다고도 믿지 않습니다.

이탈리아 역시 이런 의미에서는 '비교적 상식적인 나라'입니다. 전범국이긴 하지만 유대인 박해가 그리 심하지 않았습니다. 프랑스의 유대인들이 이탈리아로 피신하기도 했습니다. 패전국 프랑스의 경찰은 승전국 독일군의 명령을 필사적으로 실행했지만, 독일의 동맹이던 이탈리아의 경찰은 그다지 열심히 하지 않았습니다. 이탈리아의 이 '느슨함'을 저는 높이 평가합니다. 이탈리아 사람은 인간으로서 도저히 이해할 수 없는 일에 열심히 매달리고 싶지 않았던 걸까요. 그들은 이데올로기보다 신체적 실감을 우선시합니다. 원리원칙보다 '사람이란 이런 존재이다' 같은 느슨한 윤리규범을 따릅니다. 저는 이게 더 성숙한 인간의 자세라고 생각합니다.

예전에 합기도를 배우는 이탈리아 청년과 술자리를 가진 적이 있어요. 그때 제가 "이탈리아는 1945년 7월에 일본을 상대로 선전포고했잖아?"라고 말했더니 "미안. 우리나라는 '그런 일을' 아무렇지도 않게 해"라고 하더군요. 제 나라의 '잊고 싶은 역사'를 깔끔하게 인정하는 모습에 놀랐고, 평범한 청년이 사소한 역사적 사실을 제대로 알고 있다는 사실에 한 번 더 놀랐습니다.

청년은 "프랑스가 독일에 항복했을 때 이탈리아는 불난 집에 들어가는 도둑처럼 국경 근처의 프랑스 영토를 조금 빼앗었어"라고도 설명했습니다. 저는 어떻게 자기 나라의 부끄러운 역사를 담담하게 이야기할 수 있느냐고 물었습니다. 그랬더니 "우리는 한 번 세계를 지배했잖아. 지금은 비록 이 모양이지만"이라고 답하더군요.

과연 그렇구나 싶었습니다. 이탈리아는 로마제국 시절에 세계를 지배했습니다. 그 후로 지금까지 2000년 동안 계속해서 내리막길이긴 하지만 이 역사적 사실을 똑바로 받아들이고 있었습니다. 과거에 세계의 패자였다는 사실이 이탈리아인을 여유 있고 인간적인 국민으로 만드는 게 아닐까요.

이탈리아처럼 역사의 풍파를 견디며 자랑스러운 업적이든 낯부끄러운 실패든 경험을 숨기지 않고 직시할 수 있는 나라와, 프랑스나 미국처럼 역사를 넘어선 초월적 이념에 매달려 현실로부터 눈을 돌리고 있는 나라는 행동양식이 다를 수밖에 없습니다.

강　　　　　　미국 『타임』지는 2015년 '올해의 인물'로 독일 총리 앙겔라 메르켈Angela Merkel을 선정했습니다. 독일은 국가가 난민 수용을 위해 취해야 할 방침을 독일연방공화국기본법(본기본법)에 정해놓았습니다.

저는 난민에 관해서라면, UN에서 체재권滯在權을 만들어줘야 한다고 생각합니다. 일시적으로 어떤 나라에서든 체재할 수 있는 권리 말이지요. 칸트Immanuel Kant도 『영구평화론Zum ewigen Frieden』에 방문권을 보장해야 한다고 썼습니다.

물론 영주권은 또 다른 문제입니다. 1개월이나 몇 주 정도의 단기적 체재를 인정한 후에 영주하고 싶은 나라를 고르게 하면 좋지 않겠느냐는 것이지요. 난민이라 하면 그저 민폐를 끼치는 존재라는 이미지가 있어서 수용하는

쪽에서 제멋대로 배치하려는 경향이 강합니다. 그게 아니라 난민이 거주할 국가를 고를 수 있으면 좋겠어요. 이미 18세기 말에 칸트가 주장한 내용입니다. 난민에게 방문권을 부여해야 한다고요. 일본도 '손님 대접을 잘하는 나라'(도쿄 올림픽 유치 캠페인 당시의 캐치프레이즈인 '오모테나시おもてなし'로, 정성스런 손님 대접을 뜻한다-옮긴이)이니만큼 난민의 방문권을 인정해주면 좋겠습니다.

우치다　　　　일본 사람들은 의외로 타인을 환대하지 않습니다. 유목민은 사막의 저편에서 모르는 손님이 찾아오면 천막 문을 열고 환대하지만 일본의 문화는 다릅니다. 중세에 '유랑민'이라 불리던 유랑 예능인과 직능인, 종교인들이 일본 열도를 이리저리 떠돌아다녔지만 그들을 환대했다는 기록은 찾을 수 없습니다.

일본의 전통 무대 예술인 노能에는 여행하는 승려가 조연으로 등장하는 경우가 많습니다. 승려가 이것저것을 보고 듣는 사이에 해가 저물고, 어쩔 수 없이 근처 민가에 가서 하룻밤 재워줄 수 없느냐고 묻습니다. 그런데 이게요, 전부 거절당해요. "하룻밤 재워주세요" 했을 때 "네, 어서 들어오세요"라는 대답이 나오는 이야기는 제가 아는 한 오늘날 상연되는 노 중에 없습니다. 일단 처음에는 거절합니다. 좁아서 안 된다, 더러워서 안 된다 등 이런저런 이유를 들며 거절합니다. 다시 한 번 부탁을 하면 그제 서야 어쩔 수 없이 재워주기로 합니다. 전부 이런 식입니다. 이걸 보면 일본에는 이방인을 환대하는 문화적 관습이 없었던 게 아닐까요.

강　　　　내키지 않아 하지만, 결국에는 '어쩔 수 없네. 들어오세요'라며 재워주긴 하잖아요.

우치다　　　네, 내키진 않지만 재워는 주지요. 일단 거절하고 본다는 것이 일본의 관습 같습니다. 한 번 거절 당한 후에 더욱 간절히 애원하면 '그렇게까지 원한다면 할 수 없지'라는 태도입니다. 집에 들이면 그 뒤로는 아주 잘해줘요. 〈하치노키鉢木〉에 나오는 집주인은 여행자의 몸을 덥히기 위해 아끼던 비장의 분재를 태웁니다. 〈아다치가하라安達原〉에서도 여행하는 승려들이 추위에 떨자 집주인은 밤에 나무를 하러 산에 갑니다. 이런 장면에서는 환대를 하기는 하지만 뭐랄까…, 결이 달라요. 유목민의 환대 문화와 분명히 다릅니다.

전국시대까지만 해도 일본 사람은 제법 자유롭게 이동할 수 있었습니다. 노마드와 정주민 사이에는 일종의 긴장

관계와 함께 상호 지원의 커뮤니케이션도 있었습니다. 여러 나라를 모두 돌아본 승려와 예능인들이 비록 수는 적지만 꼭 필요한 사회적 기능을 수행했기 때문입니다. 하지만 농경사회에서는 노마드에게 집단 내부의 자리를 내어주지 않았습니다. 마을 외곽이나 강가 같은 주인 없는 땅에 움막을 짓고 거기에서 판을 벌이거나 전도를 하도록 했습니다. 반은 쫓아내고 반은 받아들이는 것이지요. 이동민과 정주민은 그런 불균등한 관계였습니다.

강　　　　　기독교에도 어딘가 유목민의 문화에서 영향을 받은 부분이 있어요. 성서를 보면 천사는 양치기들 앞에 나타나 예수의 탄생을 예언합니다. 양치기는 당시 사회의 최하층민으로, 유목민에 가깝지요. 그런 양치기들에게 예수의 탄생을 전하러 온다는 이야기에서 유목민의 문화를 유추할 수 있습니다.

우치다　　　　일신교의 가르침인 이웃사랑은 사실 박애주의라는 이념보다는 더욱 실천적인 경험에서 나왔다고 생각합니다. 사막에서 굶주림과 목마름으로 고통받고 있는 타자를 환대하지 않는다면 그는 곧 죽고 말 것입니다. 자기도 언젠가 같은 상황에 처할 가능성이 있습니다. 이웃을 환대하는 일은 곧 자신에게 베푸는 일과 연결됩니다. 이는 머리로 생각해낸 이론이 아니라 현실적인 경험에서 나왔다고 생각합니다.

강   유목민의 환대 문화를 세계가 공유했다면 난민 문제가 이토록 심각해지지 않았겠군요.

4장

글로벌리즘이라는 이름의
기민사상

하시마 탄광(나가사키현), 통칭, 군함도.

메이지 150년, 일본 총리의 야망

강   지금까지 우치다 씨가 오늘날의 세계
가 맞닥뜨린 상황을 거시적 안목에서 설명해주셨습니다.
이제는 제가 최근에 필드워크를 진행하면서 느낀 점을
말씀드리려고 합니다. 이것이 대담의 실마리가 되면 좋
겠습니다.

요즘 저는 매달 교도통신에 연재하는 글을 위해 한 달에
두 번씩 특정 장소를 방문하고 있습니다. 맨 처음에는 나
가사키현 하시마에 갔습니다. 하시마는 다카시마 탄광에
서 2.5킬로 떨어진 해저 탄광으로 '군함도'라는 이름으로
알려진 곳입니다. 섬의 모양이 일본제국의 전함 '도사'와
닮아서 그렇게 불렀다고 합니다. 이 섬은 메이지 시대부
터 쇼와 시대에 이르기까지 아주 번성하면서 한때 탄광
노동자들이 많이 살았지만 지금은 무인도입니다. 그런데
이 폐허가 지금 세계 문화유산이 되었습니다.

우치다   영화 촬영지로도 자주 이용되지요? 영
화 〈007 스카이폴〉(2012, 영국/미국)에도 나왔고요.

강   네, 맞습니다. 바다 위에 철근콘크리트

빌딩이 줄지어 서 있는 모습이 그야말로 압권입니다. 군
함도에 다녀와서는 미이케 탄광의 미카와코(후쿠오카현 오
무타시)와 후쿠시마현 조반 탄전에 갔습니다. 폐허가 된
탄광을 다녀온 뒤에 후쿠시마 제1원자력발전소에 들어
갔습니다.

2018년은 메이지유신 150주년이 되는 해입니다. 근대화
의 길을 걸어온 지난 150년간 일본의 에너지 정책이 어
떻게 변해왔는지, 그 궤적을 전부 제 발로 밟아보고 싶었
습니다.

우치다　　　　벌써 메이지 150년이 되는군요.

강　　　　지금의 정부는 '메이지의 날'을 만들고
싶어 하는 듯합니다.

우치다　　　　예? '메이지의 날'을 말입니까?

강　　　　'메이지의 날'을 국민적 휴일로 삼고
싶어 해요.

우치다　　　　휴일이 늘어나는 건 좋지만, 도대체 뭘

축하하겠다는 거죠?

강　　　　　메이지 150년 '일본 근대 만세!' 아닐
까요? 1968년에 사토 에이사쿠佐藤榮作 총리는 메이지
100년을 축하했습니다. 사토는 현 아베 총리의 작은할아
버지입니다. 이번에는 아베 총리가 메이지 150년을 축하
하겠다고 나서는군요.

우치다　　　　2018년까지 앞으로 2년 더 총리를 할
생각인가요? 그럴 리 없겠지만요.

강　　　　　무슨 수를 써서라도 2020년 도쿄 올림
픽 때까지 안 내려오려 할 거예요. 영광이다, 명예다 그런
걸 아주 좋아하잖아요.

우치다　　　　맙소사! 본론으로 들어가시죠. (웃음)

폐허가 된 탄광과 대지진 직후의 원전

강　　　　　왜 폐광에 갔느냐 하면, 제가 탄광이 있

는 구마모토 출신임에도 일본을 움직이는 에너지 사정에 관해서 지금까지 거의 관심이 없었기 때문입니다. 제가 어렸을 때 일어난 미카와갱 탄진 폭발 사고(1963)는 분명하게 기억하고 있습니다. 이 사고로 500여 명이 숨지고 800명 이상이 일산화탄소에 중독되었습니다. 사고가 난 지 반세기가 지난 지금도 병상에서 일어나지 못한 사람이 있을 정도로 큰 사고였습니다. 하지만 그 기억만 있을 뿐, 일본에서 탄광이 어떤 의미인지에는 관심이 없었습니다.

3·11 동일본대지진과 함께 제 안에서 커다란 변화가 일어났습니다. 원전 사고가 일어난 직후, 저는 후쿠시마현 소마시에 갔습니다. 사고의 추이를 예단할 수 없는 상황이었고, 소마시는 원전 주변에서 피난온 사람들로 북적거리고 있었습니다.

그때 미나미소마에서 피난온 주부가 제게 물었습니다. "도대체 왜 우리가 도쿄를 밝히기 위해 이런 꼴을 당해야 해요?"라고 말이지요. 뭐라고 대답해야 좋을지 모르겠더군요. 입에서 아무 말도 나오지 않았습니다. 뭐랄까요, 허를 찔렸다고 해야 할까요. 머리로는 알고 있는데도 말이지요. 그때 저는 도쿄전력의 원자력발전소가 후쿠시마현에 있다는 사실을 새삼 깨달았습니다. 사고가 난 원자력

발전소만이 아니라, 앞 시대의 주요 에너지원이던 석탄까지 거슬러 올라가 봐야겠다고 생각하게 되었습니다. 그렇게 하지 않으면 그분의 질문에 대답할 수 없을 것 같았습니다.

우치다　　　그렇게 탄광 순례가 시작되었군요.

강　　　　폐광을 둘러본 뒤에 다시 원전을 찾아야겠다고 생각했습니다. 민간기업이 주도했다고는 하지만, 에너지 정책이란 국가의 근간이요, 에너지는 곧 국가 자체이니까요. 탄광과 원전을 취재하면서 많은 문제를 깨달았습니다. 가장 통절했던 점은, 제가 그동안 사람을 전혀 보지 않았다는 사실입니다. 일본의 성장을 짊어진 에너지를 직접 만들어내는 사람들에 관해서 전혀 알지 못했던 것이지요.

얼마 전에 후쿠시마 제1원자력발전소에 다녀왔습니다. 탄광 르포를 시작한 후 처음이었지요. 예전보다 방사능 수치가 낮아졌다고는 하지만, 1호기 건물은 수소 폭발로 날아가버렸고 1~3호기의 노심이 용융되어 지금은 어디에 있는지도 모르는 상황입니다. 제가 원전 취재를 요청하자 도쿄전력에서는 대책을 세웠던 모양입니다. 그곳에는 사고 수습을 위해 일하는 7,000여 명의 사람들이 있었지만 아무도 인터뷰에 응하지 않았습니다.

처음에는 그들과의 접촉 자체가 금지되었습니다. 식당에서 밥 먹는 모습을 지켜보았는데, 모두 긴장하고 있다는 걸 알 수 있었습니다.

우치다　　　그들은 어디에서 왔나요?

강　　　그걸 모르겠어요. 하청, 재하청 등 다양할 텐데…. 최근에 간사이에서 중학생 2명이 살해당한 사건의 범인도 한때 후쿠시마 제1원자력발전소의 오염 처리 작업원으로 일했다고 합니다.

우치다　　　네야가와에서 일어난 사건 말이지요?

강　　　그렇습니다. 작업반은 계절노동자처럼 일시적으로 고용됩니다. 그러니까 그들이 어디에서 오는지, 한동안 일을 한 후 어디로 가는지는 아무도 모릅니다.

우치다　　　일정 기간 이상은 일을 할 수 없지요? 피폭량에 한도가 있으니까요.

강　　　　　피폭량 때문에 몇 개의 로테이션으로
운영하더군요. 저도 이번에 조사하면서 알게 됐는데, 그들
의 작업 조건이 탄광 노동자의 경우와 거의 비슷합니다.
미이케에는 미이케공업고등학교가 있는데, 거기가 옛날
에 미이케슈지칸 형무소가 있던 자리입니다. 1883년에
지어진 이 형무소에 서일본의 여러 현의 감옥에 수감되
어 있던 형기 12년 이상의 재소자를 모았다고 해요. 수감
자 수가 많을 때는 2,000명에 달했는데, 이들이 미이케
탄광에 강제 동원되었습니다. 탄광은 미쓰이 그룹에 불
하되기 전부터, 그러니까 국가가 운영하던 시절부터 재
소자를 작업에 투입해 혹사시켰어요. 갱에서 낙반 사고
가 일어나도 '어차피 재소자니까'라며 아무런 보상도 하
지 않았습니다. 쓰고 버린 거예요.

미이케 탄광 지하에 상당한 수의 유골이 묻혀 있다는 소
문도 있습니다. 지금은 한 단체가 그곳에서 국가로부터
버림받은 영령을 공양하고 있지만, 과거에는 광부의 목
숨 값이 한없이 0에 가까웠습니다. 그런데 또 하나 놀라
운 사실은, 당시 채굴 작업을 하던 노동자들 가운데 재소
자 다음으로 많은 이들이 요론지마(가고시마현 최남단의 섬
으로 남쪽으로 오키나와의 헤도곶이 보일 정도로 오키나와현과 가
깝다-옮긴이) 출신이었다는 점입니다. 요론지마에서 돈을

벌기 위해 온 사람들은 처음에는 탄부가 아니라 배에 석탄을 싣는 일을 담당했습니다. '곤조ゴンゾウ'라고 불렀다고 하지요. 곤조가 점차 광부로 바뀌어갔다고 합니다.

'달이 떴다 떴다'라는 미이케 탄광의 노래가 있지 않습니까. 〈미이케탄코부시〉라고 하죠. 저도 어렸을 적 어른들이 부르는 걸 자주 들어서 평범한 노동요인 줄 알았어요. 그런데 이 노래의 원곡은 후쿠오카현 치쿠호 탄전에서 보타硬(광석에서 선탄을 채굴한 뒤 남은 버리는 돌)를 정비하던 여성들의 노래 〈이다바우치센탄우타〉였습니다.

흥미로운 사실은, 이 노래가 예전에 다바타 요시오田端義夫가 부른 〈열아홉의 봄〉의 가사와 매우 흡사하다는 점입니다. 19살 처녀가 18살로 바뀌었을 뿐 거의 같은 노래예요. 다바타의 노래에 관해서도 알아봤는데, 역시 그 뿌리는 요론 민요에 있었습니다.

우치다   류큐의 노래였군요.

강   네, 류큐에서 온 노래입니다. 석탄 채굴을 담당했던 노동자의 서열을 아래에서부터 보면, 최하층에 재소자가 있습니다. 그다음이 일본에 병합된 류큐 출신입니다. 이 두 집단이 가장 밑바닥에 있었지요. 요론지마에서 온 사람들은 조선이나 중국에서 데려온 사람들보다 못한 대우를 받았어요. 그리고 가장 위에는 당연히 일본 사람이 있었습니다. 군함도에 가보니 탄광의 서열 구조가 손에 잡힐 듯 쉽게 이해되더군요. 일본에서 맨 처음 철근콘크리트로 된 7층 건물이 지어진 곳이 바로 군함도입니다. 그다음에 지어진 것이 하라주쿠의….

우치다　　　'도준카이아파트'이지요?

강　　　맞습니다. 지금은 폐쇄되었지만, 군함도의 고층 주택의 위층에는 채소밭이 있었습니다. 볕이 잘 드는 고층은 미쓰비시사 직원들이 점령하고 그 아래를 계급 순으로 나누어 살았다고 합니다. 건물이 밀집해 있기 때문에 아래층에는 볕이 들지 않습니다. 거기에 조선인과 중국인을 수용한다는 확실한 서열 구조가 존재했습니다.

우치다　　　프리츠 랑Fritz Lang의 〈메트로폴리스〉 (1926, 독일)라는 영화 속 이야기 같군요. 거기서도 볕이 잘 드는 최상층에 지배층이 진을 치고 있고 노동자는 지하에 살아요.

'인간기둥'이 지탱하던 근대의 동력

강   이렇게 역사를 거스르며 석탄에서 핵
연료까지 에너지를 기준으로 일본의 근대를 검증해보니
'인간기둥' 없이는 나라를 움직일 수 없다는 사실을 잘
알게 되었습니다. 저는 그때까지 이 나라를 떠받쳐온 사
람들을 보지 못했던 것이지요.

이노우에 게이코井上佳子라는 구마모토 출신의 텔레비전
방송 디렉터가 〈미이케탄코부시〉의 가사를 여러 방면으
로 조사한 끝에 재미있는 가설을 세웠습니다. 그는 '달이
떴다, 떴다, 달이 떴다, 얼씨구 절씨구, 미이케 탄광 위에
떴다', '굴뚝이 이리 높으니 필시 달님도 매캐하겠지, 얼
씨구 절씨구'라는 가사에서 '달'이 무언가를 비유하고 있
다고 가정했습니다. 그러고는 '달'이 과거에 사용하던 태
음력을 뜻한다고 결론지었습니다.

조선, 중국, 류큐를 포함한 동아시아 문화권은 태음력을
사용했잖아요. 그러다 메이지 시대에 일본이 동아시아
최초로 태양력을 도입하여 시간과 절기 등을 모두 양력
으로 바꿨습니다. 구정을 비교해볼까요. 지금 일본에는
구정 때 움직이는 사람이 거의 없지만 한국이나 중국은
민족 대이동 수준이잖아요.

이노우에는 노래에 나오는 달은 곧 조선, 중국, 오키나와이며 굴뚝은 산업화에 매진하는 일본의 근대라고 보았습니다. 굴뚝에서 나오는 연기에 숨이 막히는 건 탄광 일을 하게 된 조선인, 중국인, 오키나와인이 아니었을까요. 어디까지나 가설이지만, 이야기를 듣고 제법 그럴듯하다고 느꼈습니다.

우치다　　　　양력을 사용하는 일본의 확장이 음력을 사용하는 주변 국가에 영향을 끼쳤다는 말이지요?

강　　　　맞아요. 그러고 보니, 제 어머니도 거의 태음력을 사용하셨어요. 일본에서 살았으니 양력과 음력 양쪽을 다 쓰셨지만 집안 행사는 음력으로 지내셨어요. 중요한 일은 반드시 음력으로 기억했지요. 다시 한 번 근대를 바라본 후에야 근대의 근간이었음에도 보이지 않던 '사람'이 보이기 시작했습니다.

오늘은 특히 원자력발전소에 관해 말씀드리고 싶습니다. 후쿠시마 제1원자력발전소에 들어갔을 때 정말로 SF에 나올 법한 세계라는 인상을 받았습니다. 오염수를 담은 엄청난 수의 탱크가 마치 시체처럼 늘어서 있었습니다. 예상보다 훨씬 더 넓은 장소에 여러 개의 탱크가 서 있었어요. 여기에서 무엇을 하느냐면, 탱크를 다른 탱크로 갈고 있을 뿐이었어요. 오염수가 점점 늘어나니까요. 오염처리 작업의 95퍼센트 정도가 토목공사입니다.

우치다　　　오염수를 퍼내서 다른 탱크로 옮기는 게 전부였다고요?

강　　　네. 너트로 잠가놓은 큰 술통같이 생긴 탱크가 있어요. 그런데 이걸로는 불안하니까 완벽하게 용접된 새 탱크로 오염수를 옮겨 담고 있어요.

우치다　　　그런 이야기를 듣기는 했습니다.

강　　　튼튼한 탱크로 바꾸는 것뿐입니다. 매일 약 300톤의 지하수가 들어오니까 엄청난 양이지요. 우회로를 만들고 지하수를 얼린 흙벽으로 차단하는 등 온갖 궁리를 해봤다고 하는데, 지금은 그냥 물만 퍼낼 뿐이에요. 제가 본 것은 수많은 물탱크였습니다(이후 지하수가 건물 안으로 유입되기 전에 정화하여 바다로 방출하는 방식, 동토벽으로 물을 차단하는 방식 등을 시도했지만 오염수는 별로 줄어들지 않았다).

몇 가지 여과장치를 사용해서 세슘, 스트론튬, 트리티움 등을 정화한다고 하는데, 얼마나 정화되는지는 잘 모르겠습니다. 그뿐 아니라 매일매일 작업에 방호복과 도구 같은 장비가 필요하잖아요. 그 양이 꽤 많은데, 이 폐기물 또한 어딘가에 일시적으로 보관합니다.

우치다 양이 계속 늘어나겠군요.

강 날로 늘어나는 탱크를 보면서 원자력 발전의 불합리함을 통감했습니다. 폐허로 변한 탄광과 다를 바 없는 풍경이었습니다. 아직 사람들이 있어서 여러 작업이 이루어지지만 결국에 아무도 남지 않는 폐허가 되지 않을까 하고요.

우치다 그렇게 되겠지요.

근대 150년의 성장과 그늘

강 제1원자력발전소에서는 사람들이 방사능에 노출된 채로 일당 얼마에 목숨을 걸고 일하고 있습니다. 어떻게 보면 그들도 '인간기둥'이라 할 수 있습니다. 도쿄전력의 사원들은 일을 지도만 할 뿐 위험한 작업은 계절노동자들이 담당합니다. 위험을 짊어지는 쪽은 언제나 제대로 보호받지 못하는 사람들입니다.

근대의 경제성장을 지탱해온 것은 탄광 노동자를 포함하여 인간기둥의 역할을 떠맡은 사람들입니다. 말하자면 세계화의 흐름에서 낙오되고 튕겨나간 사람들의 목숨 위에서 번영을 일군 셈입니다. 앞에서 이야기한 난민이나 사회적 상승의 기회를 빼앗긴 프랑스의 이민 2, 3세의 이야기와 이어지는군요.

후쿠시마 제1원자력발전소에서 40킬로미터 떨어진 나미에 마을에 목장이 하나 있습니다. 저는 그곳에서 소를 기르는 분을 취재했습니다. '희망의 목장 후쿠시마'의 요시자와 마사미吉澤正巳 씨입니다. 요시자와 씨는 방사능에 오염된 소를 살처분하라는 국가의 명령을 거스르고 여전히 330마리의 소를 기르고 있습니다. "절대로 죽이지 않아, 살려둘 거야"라고 하면서요. 소를 살처분하면 방사능이 생물에 어떤 영향을 주는지 알 수 없게 된다고 설명하더군요. 소들은 방사능에 피폭된 채로 장기간 생존할 경우 어떤 변화가 일어나는지 확인할 수 있는 귀중한 '모르모트'이기도 해서 계속 키울 거라고요. 수개월마다 600

근대의 경제성장을 지탱해온 것은 산업의
밑바닥에서 인간기둥의 역할을 떠맡은
사람들이다. 세계의 번영은 세계화의
흐름에서 낙오되고 튕겨나간 사람들의
목숨 위에서 일구어졌다.

만 엔이라는 사료비가 들지만 계속 키우고 있습니다.

우치다　피폭 증상은 어떻게 나타나요?

강　저도 놀랐는데요, 소에 반점이 있었습니다.

우치다　죽인다고 방사성 물질이 없어지는 게 아닌데 말이지요. 사체를 태워도 방사능은 제거되지 않아요.

강　네, 그렇습니다. 대화 중에 요시자와 씨가 '기민棄民'이라는 단어를 꺼내서 깜짝 놀랐습니다. 그는 국가가 후쿠시마 지역의 주민을 짐승처럼 다루고 버린 국민 취급을 한다며 눈물을 흘렸습니다. 왜 그렇게 생각하는지 물어보니, 앞 세대의 경험이 겹쳐지더군요. 요시자와 씨의 부모님은 만주 개척민이었습니다. 패전 후 관동군에 의해 버려지고, 국가로부터도 버림받아 겨우 목숨만 부지한 채로 일본으로 돌아오셨다고 했습니다. 부모님은 정말로 '기민'을 경험하셨고, 자식도 재난 이후 생활의 근원을 나라에 빼앗길 처지가 된 것입니다. 요시자와 씨는 자신의 처지도 기민과 마찬가지라고 말합니다. 생각해보면 오염된 후쿠시마에서 도망쳐 나와 여기저기로 흩어진 사람들 역시 고향을 빼앗긴 기민입니다. 돌아가고 싶어도 돌아갈 수 없으니까요.

근대의 성장의 그늘에는 항상 기민이 있었습니다. 난민과 이민을 포함해서요. 탄광이 문을 닫기 시작하면서 이곳저곳으로 흘러간 탄광 노동자도 쓰고 버려진 기민입니다. 독일에서 알게 된 일입니다만, 미쓰이 기업의 미이케 탄광에서 독일 탄광으로 건너간 사람들이 있었는데, 그들도 고생이 심했더군요. 이 또한 기민의 한 예입니다.

'일본은 석탄에서 석유 에너지로 산업의 근간을 전환하면서 고통을 겪었지만, 그걸 극복하고 발전했습니다' 따위의 성공신화에는 나오지 않는 내용입니다. 옛날이야기가 아니에요. 오늘날 도래한 격차사회에서 사회 밖으로 튕겨져 나간 청년들, 죽을 정도로 일을 시키는 소위 '블랙기업'에 다니거나 인터넷 카페를 전전하는 젊은이들 또한 기민과 다를 바 없습니다.

'반反근대'나 '근대비평' 같은 추상적인 이야기를 꺼내지 않더라도, 근대는 이렇게나 인간의 목숨을 가지고 저울질을 해야지만 존재할 수 있었다는 사실을 다시 생각해보게 됩니다. 우치다 씨와 함께 근대의 그늘에 대해 성찰해보고 싶습니다.

미국의 근대 산업을 지탱해온 노예노동

우치다　　　　　'성장의 그늘에는 항상 기민이 있다'라는 부분은 미국 역시 마찬가지입니다. 제가 농업 보호에 대해 이런저런 발언을 하니까 얼마 전에 일본 농업협동조합에서 의견을 들으러 오셨더군요. 그 취재에서 '강한 농업'은 가능한가라는 질문을 받았어요. 저는 불가능하지 않을까요, 하고 대답했습니다. 특히 미국형 농업 모델을 일본에 적용하는 건 무리라고요.

왜냐하면 두 나라는 농업의 역사적 조건이 완전히 다르기 때문입니다. 미국이라는 나라가 성공한 이유는 첫째도, 둘째도 싼 가격으로 에너지를 풍부하게 조달할 수 있었기 때문입니다. 미국 농업은 식민지 시대의 플랜테이션에서 시작되었습니다. 담배와 목화 같은 상품작물을 대규모 농장에서 재배하는 단작 형식이지요. 더욱 근본적으로 미국이 성공한 이유를 들여다보면, 아메리카 원주민에게 '토지를 소유한다'는 관념이 없었기 때문에 가능했습니다. 북미 대륙 전체가 '주인 없는 땅'이었고, 그래서 토지비용이 들지 않았습니다. 권리 관계로 귀찮은 일이 생기지도 않았습니다. 그저 '여기부터 내 땅'이라고 등기를 적기만 하면 그걸로 끝이었죠. 개척이 진행되면서 이런 일이 19세기 말까지 이어졌습니다.

그다음은 노동력입니다. 미국의 초기 농업 노동력은 아프리카에서 데려온 노예였습니다. 노예노동은 '비용이 들지 않는 에너지'입니다. 말 그대로 기민이지요. 아프리카 사람들을 그들이 태어난 고향에서 끌어내 생업을 빼앗고 언어와 종교도 빼앗아 농장으로 데려갔습니다. 그리고 노예들끼리 서로를 지원하거나 부조하는 네트워크를 만들지 못하도록 의도적으로 출신지를 뒤섞었습니다. 노예들은 서로 말이 통하지 않았어요. 위로를 주고받을 수도 없었고 고용 환경을 개선하기 위해 단결할 수도 없었습니다. 실력행사로 반항할 수조차 없었습니다. 노예란 인권도 없고 노동법규도 적용받지 않으며 애초에 급료를 지불할 필요가 없는 노동자입니다. 일단 노예를 매입하면 죽을 때까지 쓰고 싶은 만큼 사용할 수 있는 노동력입니다. 이것이 미국 농업의 테이크오프(경제성장의 단계에서 이륙기를 뜻한다-옮긴이)를 가능하게 했습니다.

강   인권 같은 건 주어지지 않는 기민이지요. 심지어 이민과 달리 강제로 끌고 와서 기민으로 만들었습니다.

우치다　　　　남북전쟁이 끝나고 노예제도가 법적으로 금지되었습니다. 하지만 그 직후인 1901년에 텍사스 스핀들탑에서 석유가 발견됩니다. 노예노동이라는 값싼 에너지원을 잃자마자 이번에는 '공짜나 다름없는 에너지원'인 석유가 나왔습니다. 그 결과 미국에서 내연기관을 바탕으로 한 산업 시스템이 완성됩니다. 미국의 산업은 노예노동과 석유라는 저렴한 에너지를 3세기에 걸쳐 계속적으로 향유하면서 성립되었습니다. 이것은 전 세계에서 오직 미국에서만 일어난 예외입니다.

미국 모델의 오류

강　　　　노예노동에 이어서 석유라니, 이렇게 값싼 에너지원의 확보가 매끄럽게 이어졌군요.

우치다　　　　노예노동은 인간이 만들어낸 구조물입니다. 하지만 석유는 지질학적 사건이며 인간의 역사와

미국에서 남북전쟁이 끝나고 노예제도가
금지된 직후, 석유가 발견되었다. 그 결과
내연기관을 바탕으로 하는 미국의 산업
시스템이 완성된다. 노예노동과 석유라는
대가가 전혀 들지 않는 에너지를 3세기에
걸쳐 사용할 수 있었던 나라는 지구상에
오직 미국뿐이다.

는 관계가 없습니다. 노예제도가 폐지된 직후에 텍사스에서 석유가 발견되지 않았다면 미국의 산업구조는 지금 우리가 아는 것과는 전혀 다른 형태가 되었겠지요.

우리는 석유 분출이라는 지질학적 사건을 마치 역사적 필연이라도 되는 듯 바라보고, 석유를 전제로 설계된 미국의 사회제도를 그대로 모방하고 있습니다. 하지만 '에너지를 공짜로 손에 넣은 나라'를 모델로 제도를 설계한들 실현이 가능하겠습니까. 미국의 산업구조가 모든 나라의 산업구조의 바람직한 모습이며, 일본도 이를 이상으로 삼아야 한다는 주장은 누가 보더라도 불가능한 일입니다.

3·11 전의 일인데요, 아직 민주당이 일본의 정권을 잡고 있을 때 민주당 의원들과 밥을 먹을 기회가 있었어요. 그때 "우치다 씨, 원전을 어떻게 생각하세요?"라는 질문을 받고 저는 "원자력 발전처럼 비효율적이고 위험한 방식은 언어도단입니다. 환경 부담이 적고 안전한 에너지로 바꿔야 합니다"라고 대답했습니다. 그러자 한 의원이 다짜고짜 화를 내며 소리를 지르더군요.

강   우치다 씨에게요?

우치다　　　　"너 바보 아니야?"라고 했어요. (웃음)
"일본의 에너지 자급률은 4퍼센트야. 96퍼센트를 해외에
수입해 온단 말이야. 에너지 자급책에서 원전을 빼면 뭐
가 남아?" 그때는 의원의 기세에 눌려서 "아, 예, 그러세
요" 하고 말았습니다. 하지만 생각해보면 우라늄도 자급
되지는 않습니다. 수입하잖아요. 그 의원은 '몬주'(후쿠이
현 쓰루가시에 있는 고속증식로 원전에서 나온 플루토늄과 우라
늄을 재처리해서 사용하는 원자로이다. 2025년 완성될 예정이었으
나 여러 사고를 겪으며 개발이 지연되었고, 2013년 일본 원자력 규
제 위원회에 의해 무기한 운전 금지가 결정되었다-옮긴이)의 플
루토늄 재이용이 기술적으로 실현된다는 전제로 말했을
것입니다. 몬주가 계획대로 진행되었다면 에너지 자급률
은 높아졌겠지만, 이 계획은 실패했습니다. 세금만 쓰고
에너지 자급은 전혀 늘지 않았지요.

에너지 자급률이 4퍼센트라면 그 4퍼센트의 에너지만으
로도 돌아가는 산업구조를 만들어야 이치에 맞지 않나
요? 제 생각은 그렇습니다. 자급 가능한 에너지의 수준
은 고려하지 않고, 그보다 25배나 큰 규모의 산업 시스템
을 돌리려 하니 엉망진창이 되어버리지요. 미래 세대에
게 거대한 부담과 빚을 남기는 원전 같은 위험한 테크놀
로지에 매달리게 됩니다. 그 결과 후쿠시마에서 '원전 기

민'을 몇십만 명이나 만들어냈습니다. 에너지 자급률 4퍼센트의 나라가 그걸 훨씬 뛰어넘는 규모의 경제활동을 하겠다는 발상이 이해가 되나요?

강　　　　후쿠시마 제1원자력발전소의 폐허에 서 있으면 '엉망진창'이라는 말을 실감할 수 있습니다.

우치다　　　　미국 모델을 참조해서 될 리가 없습니다. 주인 없는 땅에 아프리카에서 강제로 끌고 온 노예를 시켜 단작을 했던, 석유가 솟아나니까 가능했던 미국의 산업을 모델로 한다는 발상 자체를 버려야 합니다.

강　　　　이야기를 듣다보니 미쓰이 재벌의 단다쿠마團琢磨가 떠오르네요. 그는 미국 매사추세츠공과대학에서 광산학을 배우고 일본으로 돌아왔습니다. 미이케 탄광이 미쓰이 기업에 매각되자 단 다쿠마는 공부성工部省을 그만두고 미쓰이로 이동하여 항구, 철도 등 석탄산업을 확대하는 공사를 연달아 벌였습니다. 그중 지하수가 많이 나와서 애를 먹던 가쓰다치갱勝立坑 공사에 영국제 대형 배수펌프를 도입하여 박차를 가하고, 갑문식 미이케 항구를 건설하여 석탄 적출의 효율을 현격하게 높인 점 등은 획기적이었다고 할 수 있습니다. 그때까지만 해도 오로지 사람의 힘으로 모든 설비를 가동했던 터라 생산성이 상당히 낮았습니다. 그가 도입한 서구 기술로 인해 에너지 공급량이 비약적으로 늘어났어요. 그런데 공급량이 늘어난 만큼 사람들에게는 엄청난 부하가 걸리게 되었습니다. 결국 값싼 노동력을 점점 더 늘리지 않으면 생산을 따라잡을 수 없는 지경에 이르렀습니다.

일본에는 미국과 달리 석유가 없으니까요. 석탄을 증산하는 수밖에 없습니다. 그래서 땅속으로 수백 미터나 수직 갱도를 파내려갔습니다. 이 깊이가 상상을 초월하지 않습니까? 저는 후쿠시마 제1원전의 작고 좁은 엘리베이터를 타고 몇 미터 내려가는 것만으로도 무서웠어요. 군함도의 수직 갱도를 따라서 해저 600미터로 내려가는 탄부의 모습을 상상하면 몸이 움츠러듭니다. 이미 인간의 한계를 넘어선 일이지요.

미국은 석유로 노예노동을 대체하면서 난관을 돌파할 수 있었습니다. 반면 일본은 기술을 도입했지만 기본적으로는 인간기둥에 의존해야 했습니다. 그런데 기업 전시장에 가봐도 기술이 얼마나 일취월장했는지는 전시되어 있지만, 그것을 위해 얼마나 많은 사람들이 희생되었는지는 드러나지 않습니다. 일본은 근대를 지탱해온 사람의

존재를 은폐했습니다. 미국 또한 노예와 원주민의 희생
이 없었다면 성립되지 않았을 나라입니다.

우치다   이민자들도 많이 죽었지요. 대륙횡단
철도를 건설할 때 '침목 하나에 중국인 하나'라는 말이
나왔을 정도로 이민 노동자가 많이 죽어나갔어요.

강   이 이야기는 지금까지 거의 전해지지
않았습니다. 그 결과가 이번 원전 사고로 이어졌다고 하
겠습니다. 10년, 20년 뒤에 지금 현장에서 일하는 사람
들의 몸에 이상이 일어난다면 어떻게 될까요. 원전 사고
복구 현장에서는 "노무관리를 제대로 하고 있습니다. 안
전에도 주의를 기울입니다. 마이크로시버트 단위의 피폭
량을 어찌어찌 관리하고 있습니다. 지금은 매일 맛있는
식사를 먹을 수 있습니다"라고 설명을 하더군요. 하지만
이 사람들이 10년 뒤, 20년 뒤에 어떻게 될지는 아무도
모르지 않습니까. 미국의 근대화를 모델로 억지로 GDP
를 올리기에만 급급했기에 그 외상 청구서가 지금 돌아
온 거예요.

우치다   미국은 애초에 국가의 성립 자체가 특

일본은 산업에 필요한 석탄을 공급하기
위해 땅속 수백 미터 아래로 갱도를
파내려갔다. 군함도의 수직 갱도는 해저
600미터까지 이어진다. 인간의 한계를
넘어선 이 숫자 앞에서 몸이 움츠러든다.

별합니다. 종교적 열정으로 가득찬 이민자들이 식민지에 이상적인 복음국가를 만들려고 했습니다. 초기의 매사추 세츠 식민지에서 시민권을 획득하는 조건은 교회에 가서 신앙고백을 하는 것이었습니다.

미국은 처음부터 종교국가였습니다. 하나부터 열까지 전 부 이념 위에 만들어진 나라는 역사적으로 미국밖에 없 습니다. 자연발생적으로 만들어진 나라가 아닙니다. 정 말 신기한 인공국가예요. 그런 나라를 모델로 삼아 우리 도 그렇게 하자는 것이 이상하지요.

미국의 성공, 인류의 불행

강　　　　어떤 면에서는 미국이 프런티어 국가 였기 때문에 오늘날 세계화의 다이나모dynamo(발전기)가 될 수 있지 않았을까요.

우치다　　　그러게요. 미국이란 나라의 성공이 인 류의 불행이었다고도 할 수 있어요. 미국이 그런 방식으 로 성공하지 않았다면 근대 세계의 형태는 달라졌을 게 분명합니다. 주인 없는 땅, 노예노동, 석유라는 유례가 없는 장점을 가졌을 뿐 아니라 제 나라를 전쟁터로 삼지 않으면서도 두 번의 세계대전에서 승전국이 되었으며, 유럽의 산업이 괴멸하던 시기에 전 세계의 부를 거의 독점하다시피 했습니다. 이건 거의 기적에 가깝지요. 이런 성공을 거둔 나라를 '세계표준'으로 삼고 따라가려 한다면 어떤 나라든 절망적인 자괴감에 빠지리라는 건 뻔한 이치입니다.

강 정말 엄청나게 커다란 모순이에요. 이렇게 무리하게 벌인 일들은 언젠가는 파탄이 나고 말 것입니다. 실제로 지금도 그로 인한 외상 청구서가 여기저기에서 표면화되고 있지 않습니까. 조금 비약해본다면, 마침내 한계에 다다른 사건이 동일본대지진과 원전 사고가 아니었을까 생각합니다. 사실 저는 3·11을 하나의 변곡점으로 보고 이제는 진행 방향을 거꾸로 돌리지 않을까, 일본이 스스로를 성찰하는 방향으로 향하지 않을까 조금은 기대했습니다.

우치다 저도 그랬어요. 반년쯤 그렇게 생각했습니다. 이제 일본도 변하겠구나, 하고요.

강　　　　　　어리석은 꿈이었습니다.

우치다　　　　　어리석었어요. 아무것도 바뀌지 않았습니다. 결국 일본인은 원전 사고로부터도, 재해로부터도 아무것도 배우지 못했어요.

삐걱거리는 대국, 휘둘리는 소국

강　　　　　　미국을 하나의 극점으로 하는 선진국이 G7을 결성하고 그 리더들은 항상 어떻게 하면 글로벌 파워를 키울 수 있을지 이야기합니다. 얼마 전 안토니오 네그리Antonio Negri가 일본에 왔을 때 국제문화회관에서 개최한 심포지엄에서 대담을 한 적이 있습니다. 네그리에 관해서는 여러 평가가 있지만, 일단 『제국Empire』 같은 그의 저작은 읽었습니다. 네그리의 '엠파이어', 즉 제국이란 글로벌파워를 뜻합니다. 이를 구성하는 것이 G7, 다국적기업, NPO(비영리 민간 단체), IMF, 혹은 세계은행 같은 것으로, 그러니까 몇 가지의 복합체가 오늘날의 제국이라는 뜻이지요.

네그리에게 제국은 우리가 앞에서 이야기했던 커다란 문

화권이 아니라 글로벌파워가 작동하는 체제를 뜻합니다. 같은 '제국'이라는 말을 쓰지만 뜻하는 바를 살펴보면 완전히 반대의 개념이지요.

아까 나카타 선생을 인용하며 말씀하신 제국은, 이슬람권에는 이슬람 코스몰로지라고 불리는 일종의 제국적 경계가 있지 않느냐는 이야기였다고 생각합니다. 이 부분을 좀 과감하게 생각해보면….

우치다　　　이야기를 크게 한번 펼쳐볼까요. 가끔 부풀려서 생각해보는 것도 중요합니다. (웃음)

강　　　그럼 좀 부풀려보겠습니다. (웃음) 작금의 세계에서 글로벌스탠더드인 미국과 그렇게 되고 싶은 중국과 러시아의 관계는 언제나 삐걱거릴 뿐 사이가 좋아지지 않습니다. 왜 그럴까요. 순수하게 자본주의적 논리로 생각해보면 어느 정도 합리적으로 문제를 풀 수 있을 것 같은데, 이것만으로는 해결되지 않는 부분이 항상 남아 있습니다. 지정학이라는 말은 별로 쓰고 싶지 않지만, 냉전이 끝난 지금도 이 대립이 해소되지 않았습니다.

이를 몹시 단순화시키면 네그리가 말한 미국을 정점으로 하는 '엠파이어'와 우치다 씨가 지적한 일정한 코스몰로지를 가진 제국의 대립이 아닐까 싶습니다. 이 제국들이 어떻게 하면 서로 겹치지 않을 수 있을까요. 글로벌스탠 더드만 봐도 두 제국 사이에 알력이 생겨버리지요.

자본주의의 논리로 보면 중국처럼 국가가 통제하는 사회 주의 시장경제는 백조 무리에 낀 검은 백조 같잖아요. 이 렇게 이질적인 것이 아무렇지 않게 통용되고 있습니다. 물론 중국도 IMF를 비롯한 세계의 시스템에 들어가 있긴 하지만 아무래도 그 안에 완전하게 포섭되지는 않았습니 다. 러시아도 마찬가지입니다. 한국은 독재형에서 점점 민주화되면서 미국형으로 변하고 있는 듯합니다.

말하자면, 세계의 곳곳에서 네그리가 말하는 글로벌파워 를 휘두르는 제국들의 관계에 균열이 생기고 있습니다. 이것이 지금 일어나는 많은 사건의 배경이 되지 않나 싶 어요.

이슬람이 가장 전형적 예입니다. 또한 미국적 글로벌화 에 대항하는 힘이 이슬람권 이외의 다른 곳에서도 불화 를 낳고 있습니다. 이질성을 품은 제국들 사이의 대항 관 계가 앞으로도 이어지리라고 보십니까?

미국 모델의 약화

우치다　　　저는 언젠가는 미국의 성장이 끝나리라고 예상합니다. 분명 미국의 통치 시스템은 훌륭해요. 토크빌Alexis de Tocqueville은 『미국의 민주주의De la démocratie en Amérique』에서 미국의 통치 시스템에 관해 호평했습니다. 민주주의체제에서는 국민이 선거를 통해 통치자를 잘못 선택하는 일이 자주 있습니다. 머리가 나쁘고 뱃속이 검은 자를 통치자로 뽑을 가능성이 상존하지요. 토크빌은 미국이 어떻게 하면 '머리가 나쁘고 뱃속이 검은 통치자'가 불러올 재앙을 최소화할지 지혜를 짜내제도 설계에 반영했다고 지적합니다.

실로 훌륭한 관찰이 아닐 수 없습니다. 대개의 국가는 '현명하고 덕이 있는 통치자가 효율적으로 통치할 수 있는 시스템'을 만들려고 하지만 미국은 반대였어요. '멍청하고 사악한 통치자가 나라를 말아먹지 않도록 하는 시스템'을 만들었습니다. 이런 면에서 미국 건국의 아버지들은 영국의 경험주의와 회의주의 전통을 깊이 내면화했다고 할 수 있습니다.

미국의 통치 시스템의 최대 장점은 독재자가 나라의 형태를 단숨에 바꾸지 못하도록 다양한 분권 시스템을 만들어둔 것입니다. 그중에서도 가장 효과적인 것은 '카운터컬처(대항문화)'의 존재라고 생각합니다. 어떤 영역이라도 주류적 가치관이나 사회관을 의심하고 그것에 이의를 제기할 수 있는 대항운동이 존재하며 이를 지지하는 사회적 기반이 있습니다.

지금도 미국 선거에서 민주당의 버니 샌더스Bernie Sanders와 공화당의 도널드 트럼프가 마치 도식처럼 쉽게 이해되는 미국의 문제점과 정책적 대항축을 가시화하고 있습니다. 단순하고 누구나 알기 쉽습니다. 그들은 미국의 문제가 어디에 있는지 선택지를 분명하게 제시합니다. 미국은 알아보기 쉬운 선택지가 자연스럽게 제시되는 나라입니다. 저는 여기에서 미국의 힘이 나온다고 생각합니다.

이렇게 시스템의 문제점을 전경화前景化할 수 있는 장치가 잘 기능하는 나라와 그것이 불가능한 나라는 제도가 피폐해지는 속도가 다릅니다. 중국과 러시아에는 미국처럼 제도의 문제점을 가시화하는 '반대편'이 존재하지 않습니다. 그러니 일정 기간은 정치, 경제, 문화적으로 미국과 경합을 할 수 있지만 결국은 탈락해버리는 것이지요. '대항문화'를 소중하게 여기지 않는 나라에서는 혁신이 일어나지 않습니다.

대개의 국가는 '현명하고 덕이 있는
통치자가 효율적으로 통치할 수 있는
시스템'을 만들려고 하지만, 미국은 그
반대이다. 그들은 '멍청하고 사악한
통치자가 나라를 망치지 못하도록 하는
시스템'을 만들었다.

새로운 정치 시스템, 경제 시스템, 학술적 성취, 문화적 산물을 만드는 이들은 언제나 혁신적인 사람들이었습니다. 이들을 길러내기 위해서는 '혁신은 좋은 것이다. 그러니 기성 모델의 어떤 부분은 바꾸는 게 좋겠다고 주장하는 사람들의 말에 귀를 기울여야 한다'라는 문화가 필요합니다. 러시아와 중국, 그리고 지금의 일본에는 이런 문화적 기반이 없습니다. 오늘날 이들 나라에서는 권력과 재화, 문화자본을 독점한 소수의 집단이 앞으로 자기들의 이익을 어떻게 증대시킬지에 관해서만 궁리하고 있습니다. 국민자원이 소수의 지도층에 집중되는 시스템을 만드는 데에만 관심이 있어요. 이런 사회에서 혁신이 일어날 리 없습니다. 혁신적이라는 이유만으로 싹을 뽑아버리는 룰이 만들어졌을 정도니까요. 러시아도 더 이상 발전할 가능성이 없습니다. 중국의 성장도 곧 멈출 테고, 일본은 이미 옛날에 멈췄습니다. 지금의 러시아와 중국, 일본 정부를 향해 미국처럼 대항문화를 사회구조 안으로 받아들인 시스템을 만들어야 한다고 요구한들 수용될 리가 없습니다. 그런 문화가 아예 없으니까요.

러시아나 중국이 탈락하는 사태는 우리에게도 결코 바람직한 상황은 아닙니다. 그렇게 되면 다시 한 번 미국이 유일한 성공 모델이 되어버리니까요. 미국은 지속적 경제

위험하지 않은 몰락

성장을 국시로 삼는 시스템이기에, 미국을 성공 모델로 하는 한 그걸 모방할 수밖에 없습니다. 미국이 이기면 이길수록 미국 모델이 지배적 경향이 되겠지만, 그렇게 되면 미국이 아닌 나라는 물구나무를 선들 미국이 될 리 없으니, 결국 점점 더 스스로의 무력함에 고통받게 될 뿐입니다.

모든 국민국가는 각자가 가진 고유한 문화의 두께, 천연자원의 양, 국력 등이 다 다릅니다. 그것을 무시하고 같은 조건에서 경쟁시킨다는 것은 말이 안 됩니다. 불가능한 일을 해내려다가 다들 상처받고 무너지고 말았습니다.

결국 미국도 속도를 잃고 발전을 멈추게 될 것입니다. 상대적 우열은 있겠지만, 세계를 유일하게 장악할 수 있을 정도의 힘은 상실하겠지요. 언젠가는 '의회의 과반수를 넘지 않는 제1당'과 비슷한 수준으로 국력이 떨어지리라 봅니다. 그 정도가 되면 미국 모델이 가졌던 이상하리만치 강력한 영향력도 희석되겠지요. 각 지역과 각 나라는 지금까지 정신 없이 굴리던 쳇바퀴를 멈추고 그 자리에 서서 각자 앞으로 어떻게 살아가야 할지를 제 힘으로 생각하기 시작해야 합니다.

강　　　　　정말 그렇군요. 급진적 엠파이어 시스

템의 속도가 떨어지면 국가들 사이의 격차도 줄어들 테고 세계화 과정에서 버림받는 국민의 수도 줄어들 테니까요.

우치다　　　중국에서 대기오염과 인프라의 붕괴, 모럴해저드 같은 사회 문제가 일어나고 있습니다. 그 원인은 엄청나게 빠른 속도로 경제성장을 이어가지 않으면 안 된다는 '말도 안 되는 조건'에 따라 질주하고 있기 때문입니다. 속도 설정 자체에 문제가 있습니다. 무리라는 사실을 알고도 급성장을 추진하는 이유는, 성장이 멈추는 바로 그 순간 통치 시스템에 대한 불만이 폭발할 것이기 때문입니다. 그러니 계속해서 돈벌이를 우위에 둘 수밖에 없어요. 좀 더 천천히 제도적 파탄을 수정하면서 시스템을 유지할 방법을 궁리한다면 심각한 환경파괴나 억압적 권력의 출현은 막을 수 있었을 테지만, 불가능한 속도를 무리하게 설정한 결과 부하가 이미 국력의 한계를 넘어섰어요. 최종적으로는 인간의 살아 있는 몸뚱이가 만들어내는 노동가치에 의존한 채로 국민을 조직적으로 그리고 철저하게 수탈하여 그것을 GDP로 환산하는 방식에 이릅니다.

이는 중국만의 문제가 아닙니다. 일본 역시 중국과 마찬가지로 국민을 수탈하고 탄압하며 사적 권리를 제한하면서 살아 있는 인간이 가진 잠재적 자원을 마지막 한 방울까지 쥐어짜냅니다. 숨이 끊어지기 직전인 글로벌 자본주의를 연명시키기 위해서 말이죠. 아베 정권이 재계의 압도적 지원을 받는 이유가 바로 그 때문입니다. 이미 강권적 정치로 시민의 자유를 제약하고 복지·의료·교육 예산의 삭감, 임금 삭감, 소비 행동의 획일화를 밀어붙이는 등 '망국의 시나리오' 말고는 글로벌 자본주의가 연명할 수 있는 방법이 남아 있지 않습니다. 재생산이 불가능할 정도까지 국민을 수탈하지 않고서는 경제가 돌아가지 않습니다.

강　　　　　어느 나라건 정말로 국민을 쥐어짜고 있다는 느낌입니다.

5장

싱가포르화하는
일본

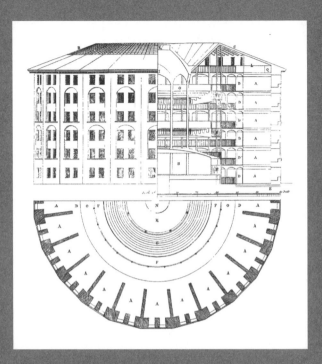

영국의 철학자 제러미 벤담이 1791년에 제안한
일망감시시설 파놉티콘.

일본의 싱가포르화

우치다　　　　일본은 이제 더 이상 성장할 여력이 없습니다. 성장을 계속하려면 중국처럼 강권적으로 정치를 하고 시민의 자유를 제약하고 '선택과 집중' 전략을 취해 소수의 부유층에게 자원을 몰아주는 방식으로 갈 수밖에 없습니다. 이것을 싱가포르화 혹은 북한화라고 해도 좋아요.

이 방식의 미래는 어둡습니다. 원래대로라면 국민이 200년, 300년에 걸쳐 사용할 수 있는 자원을 '당기수익이다', '4분기의 매상이다', '현재의 주가다'라는 이유로 전부 다 써버리고 있으니까요. 이 자원 중에는 대기나 해양, 삼림 같은 자연환경도 있지만 교통망, 통신망, 라이프라인 등의 사회 인프라도 있으며 사법, 의료, 교육 같은 제도자본도 있습니다. 전부 살아 있는 인간이 일상생활을 영위하는 데 없어서는 안 되는 자원입니다. 더 이상 경제성장을 할 수 있는 여지가 사라지고 나면 '인간이 일상을 영위하는 데 없어서는 안 될 것들'을 상품화하거나 주식시장에 던져 넣는 방법밖에 남지 않습니다. 연금을 주식에 쏟아붓다니, 정말 제정신이 아닙니다.

강   그렇게 해서 얼마나 손해를 보았는지 국민에게는 공개하지 않으니까요.

우치다   그들은 초조할 거예요.

강   네. 무엇이든 단기간에 결과를 내놓아야 한다고 말하죠. 느긋하게 기다리고 있다가는 버스를 놓친다고요. 이것이 바로 세계화의 철칙인 '선택과 집중'입니다.

우치다   꼭 자전거를 타는 것처럼 말이에요. 계속해서 달리지 않으면 나라 전체가 쓰러진다는 모델을 만들어놓았어요. 이런 상황에서 속도를 유지할 수 있는 방법이 정치적으로는 독재밖에 없습니다. 이는 경제 합리성에서 나온 분명한 결론입니다. 공화적 합의 형성의 절차나 분권 시스템으로는 이 속도를 유지할 수 없어요. 속도를 유지하기 위해서는 모든 권한을 총리관저에 집중시키고 사법부와 입법부가 행정부의 지시를 따르는 구조를 만들 수밖에 없습니다. 사업하는 사람들 가운데는 이렇게 생각하는 사람이 꽤 많습니다. 어쩌면 그들 중 과반수가 이렇게 믿고 있을지도 몰라요. 돈을 버는 일에 있어

경제 합리성이라는 측면에서 고려할 때
현재의 성장 속도를 유지할 수 있는 정치
체제는 독재밖에 남지 않았다. 복잡한
절차와 합의가 필요한 입헌민주주의는
성장의 걸림돌에 불과하기 때문이다.

서 입헌민주주의는 걸림돌입니다. 그러니 개헌을 원합니다. 이 상태로 가다가 다음 선거에서 자민당과 공명당이 승리한다면 헌법의 긴급사태 조항부터 바꾸겠다고 할 가능성이 있습니다(이후 2017년 10월 22일 치른 중의원 총선거에서 자민당이 284석, 공명당이 29석을 차지했다. 이로써 자민·공명 연립여당은 전체 의석 465석 가운데 313석을 차지하며 개헌안 발의에 필요한 재적 3분의 2 이상의 의석을 확보했다-옮긴이). 자민당의 개헌 초안이 의회를 통과하면 더 이상의 입헌정치는 불가능합니다. 그렇잖아요. 개헌안의 제9장을 보면 긴급사태를 선언하면 법리적으로 총리대신에게 전권이 위임됩니다. 그들은 싱가포르나 북한 같은 나라를 만들고 싶은 거예요.

비즈니스맨들도 오늘날의 세계 정세에 관해 위기의식을 가지고 있을 거예요. 하지만 그들은 지금까지 경제성장 모델이 아닌 다른 것은 접해본 적이 없습니다. 대안의 가능성에 대해서 생각조차 해본 적 없을 거예요. 지속적 성장을 위해 일단 싱가포르를 모델로 할 수밖에 없습니다. 우선 정부에 부정적인 미디어를 모두 없애겠지요. 노동조합도 없앱니다. 돈 버는 일과 직결되지 않는 학술 부문에는 공적 자금의 투입을 끊고, 전 국민이 '경제성장'이라는 국시에 몰두하게 만들기 위해 '1억 총활약'(저출산

고령화 문제에 대한 아베 정권의 인구 정책인 '1억 총활약 사회'를 지칭한다-옮긴이) 시스템을 만듭니다. 돈 벌기 쉬운 비즈니스 환경을 만들어놓고 전 세계로부터 자본을 그러모으겠지요. 아베 정권의 정책은 바로 이 방향으로 향하고 있습니다.

강   거대한 싱가포르군요.

우치다   네, 거대한 싱가포르입니다. 다만 일본이 싱가포르와 결정적으로 다른 점이 있습니다. 풍부한 천연자원입니다. 일본은 국토의 68퍼센트가 삼림이며 풍부한 물과 비옥한 토지를 가지고 있습니다. 바다에서 부는 바람 덕분에 대기도 깨끗합니다. 하지만 싱가포르에는 물이 없어요. 말레이시아에서 물을 구입해 파이프라인을 통해 공급받거나 하수를 재생 처리하여 사용합니다. 또 농지도 없습니다. 천연자원이라고 할 만한 것이 전혀 없습니다. 이런 조건이 오히려 싱가포르의 체제를 보장하고 있습니다. 국토가 넓고 풍요로운 산하가 있으면 중앙정부가 아무리 강권을 발동하여 국민을 졸라매려 해도 시골로 도망갈 수가 있습니다. 오늘날 일본 젊은이들은 도시를 떠나 산으로 도망가고 있잖아요. 거기서 농업을 시작하는 청년들이 늘어나고 있어요. 그러나 싱가포르에는 이런 대안이 없습니다. 도망갈 곳이 없습니다. 이것이 일본과 싱가포르의 가장 큰 차이입니다. 일본을 싱가포르화할 때 생기는 최대의 약점은 바로 이 부분입니다. 일본에는 산이 있다는 사실 말이에요.

강   시골로 회귀하는 움직임이 제법 일고 있는 것 같습니다. 그런데 풍부한 자원 때문에 독재정치가 이루어지기 어렵다는 발상은 아주 재미있네요. 강권정치를 효율적으로 하기 위해서는 인구를 도시에 집중시키지 않으면 안 된다는 이야기인가요?

향토를 파괴하는 독재자

우치다   그렇습니다. 싱가포르화 정책의 가장 큰 장애물은 바로 일본의 풍요로운 자연입니다. 싱가포르화를 바라는 사람들은 자연을 파괴하여 산을 거주 불가능한 상태로 만드는 정책을 적극적으로 추진하고 있습니다. 아베 정권의 정책도 '산에서 살 수 없게 한다'는 방향으로 향하고 있다고 생각합니다. 그렇게 하지 않으면 싱가포르화하기 어려우니까요. 전 국민이 도시에서 임노동을 하며 생활에 필요한 모든 것을 시장에서 상품으로 구입해야 하는 구조를 갖추면 GDP가 어느 정도 유지됩니다. 그러기 위해서는 도시에서 임노동을 하지 않으면 살아갈 수 없는 구조를 만들어야 합니다.

예를 들어 후쿠시마 원전 사고로 인한 국토 오염 문제만 해도 그렇습니다. 아베 정권은 별로 신경을 쓰지 않고 있지만, 사실 이건 국토를 상실한 상황이나 다름없습니다. 센카쿠나 다케시마(독도)는 문제도 아닙니다. 거대한 땅이 아예 거주 불가능한 상태가 되었으니까요. 머리를 싸매고 고민해야 할 문제인데 다들 아무렇지도 않은 듯 천연덕스럽게 굽니다. 오히려 원전 재가동을 추진하고 있어요. 활성단층 위에 있는 원전을 군이 위험한 방식으로 가동시키려 하다니, 이건 '사고가 나도 상관없다'고 생각하기 때문 아닐까요. 원전 사고가 앞으로 두세 번 더 일어나면 국토의 절반이 거주 불능 상태가 될 것입니다. 그렇게 되면 도시를 떠나 산에서 산다는 대안이 불가능해지고, 마침내 일본도 거리낌 없이 싱가포르화를 추진할 수 있게 되겠지요. 원전 재가동 추진파는 무의식적으로 국토 오염을 환영한다고 생각합니다. 본래 통치자의 최우선 과제는 국토 보호 아닙니까? 경제성장보다 산하 보전이 먼저입니다.

강　　　　　원전 사고로 사람이 살 수 없는 폐허가 되었으니 정말 국토를 상실한 것이네요.

우치다　　　　TPP로 인한 소규모 농업의 몰락은 눈에 보일 정도입니다. 그런데도 현 정권은 전혀 신경을 안 써요. 농업이 망하면 당연히 지방에는 거주 불능 지역이 늘어나겠지요. 도시 외에는 더 이상 살 수 없게 됩니다. 지방의 인구가 수도권으로 모여드는 상황은 경제적으로 몹시 환영할 만한 일입니다. 만약 앞으로 일본 인구가 7,000만, 8,000만 명으로 줄어든다 해도 전부 수도권에 모여 살고 그 외의 토지에는 사람이 살지 않는다면 이론상 경제성장이 가능하니까요.

강　　　　　한국이 그렇게 변하고 있습니다.

우치다　　　　역시 그렇군요. 일본은 지금 '지방창생'이라는 슬로건을 내걸고 있습니다. 저는 이 정책의 실체가 사람을 산에 못 살게 하는 데 있다고 생각합니다. 지방창생의 핵심은 '압축도시(콤팩트시티Compact City, 도시의 기능을 한곳에 조성하는 도시계획-옮긴이) 구상'인데요. 이는 지방도시의 전철역 앞에 집합주택을 만들고 그곳에 주민들을 모아 압축 경제권을 구성하려는 시도입니다. 그렇게 하면 한계취락(인구가 줄고 경제가 쇠퇴해 버려질 위기에 처한 시골 마을-옮긴이)이나 준한계취락을 없앨 수 있습니다. 지금은 인구가 적은 지역에도 도로를 깔고 버스 노선을 운영하고 라이프라인 설비를 구축해야 하지만 모든 이가 압축도시로 이주한다면 그럴 필요가 없습니다. 지금은 도시를 떠나 시골에서 농사를 지어도 대중교통을 이용할 수 있고 전기도 들어오고 컴퓨터도 사용할 수 있습니다. 하지만 산간 지역에 인프라를 배치하는 일은 비용 대비 효과가 떨어집니다. 이 공급을 끊는다면 산에서는 살기 어려워지겠지요. 〈북쪽 나라에서〉(1981~2002년 방영된, 홋카이도로 귀향한 가족의 생활을 다룬 드라마이다-옮긴이)처럼 우물을 파고 램프로 불을 밝힐 각오 없이는 도시를 떠날 수 없게 됩니다.

'쓸데없는' 인프라에 투자하던 세금으로 역 앞에 고층빌딩을 짓고 집합주택을 만들어 의료와 교육 같은 행정 서비스를 집중시키면 주민들은 편리하고 효율적으로 경제활동을 할 수 있게 된다는 말입니다. 하지만 이런 계획이 환상에 지나지 않는다는 사실을 누구나 알고 있습니다.

안 그렇습니까? 생산 현장인 농지에서 분리된 압축도시의 주민들은 그저 소비자로 전락할 뿐입니다. 주민들이 세상을 뜨면 그들의 소비활동을 지탱하던 압축도시도 존재의 근거를 잃고 그대로 폐허가 됩니다. 아마도 30년도 안 걸릴 거예요.

강　　　　시골에 사는 사람들의 생활과 노동의 터전을 모두 거두어버리는군요. 인공적으로 기민을 만들어내는 것과 다를 바 없네요. 폐허와 기민 만들기⋯. 저 역시 TPP의 본질이 거기에 있다고 봅니다.

우치다　　　　농지와 산림이 전부 버려지고, 황폐한 주인 없는 땅이 생깁니다. 대대적으로 선전을 하며 만든 지방의 압축도시가 폐허가 되면 인간이 살 수 있는 곳은 도시밖에 남지 않아요. 고용은 임노동밖에 남지 않고 생활필수품은 편의점에서 살 수밖에 없으며 오락 또한 인공적인 것을 이용할 수밖에 없는 상황이 됩니다. 인구가 1억을 밑돌더라도 경제가 굴러가게 하려면 사람들을 도시에 모아놓고 인건비를 낮춰서 이익률을 높여야 합니다. 만약 누군가가 지금 저에게, 인구 감소 사회에서 경제를 성장시킬 수 있는 방법을 내놓으라고 한다면, 지방에 있는 산야에 사람이 못 살게 하면 경제를 가장 빨리 성장시킬 수 있다는 보고서를 올릴 거예요. 많은 정책가들이 이런 방식을 고려하고 있다고 생각합니다.

강   그렇게 하면 관리가 쉬우니까요. '1억 총난민' 혹은 '1억 총기민'이 되겠군요. 부유층과의 비대칭적 격차가 압도적으로 벌어질 것입니다.

우치다   모든 국민이 군함도 같은 아파트에서 살면 관리비용도 최소화되겠지요.

강   군함도의 하이어라키hierarchy(상하 서열로 조직된 피라미드형 체계)가 재래하겠군요. 미래에는 폐허가 기다리고 있다고 할까요. 그 현상이 이미 후쿠시마에서 일어나고 있습니다.

우치다   미래는 폐허입니다. 하지만 폐허로 만드는 것 외에는 경제가 성장할 방법이 남아 있지 않습니다. 일본이 가진 에너지 자급 능력으로는 더 이상의 경제 성장이 불가능하다는 말입니다.

강   예전에 오히라 마사요시大平正芳 내각 때(총리 재임 1978~80) '전원도시 구상'이라는 시도가 있었습니다.

우치다   그런 게 있었나요?

강   그때는 아직 일본의 성장 여력이 남아 있었습니다. 오히라가 지방의 창생을 위해 1970년대 말에 주장한 계획이지요. 경제성장을 위한 국토 정책만 세울 것이 아니라 도시와 지방의 격차를 줄이고 풍토와 문화적인 면에서 지방을 더욱 강화하려 했지요. 사계절이 뚜렷하고 삼림이 무성한 일본의 장점을 살려 국민들이 그 혜택을 누릴 수 있는 나라를 만들자는 구상이었습니다. 당시만 해도 아직 목가적 이야기가 가능한 시절이었어요.

오히라는 이런 면에서 진심으로 지방창생을 고민했던 것 같습니다. 하지만 지금의 여당은 입만 열면 싱가포르를 찾고 있어요. 카지노도 그렇고…. 그들은 싱가포르를 유토피아로 여기는 모양이지만, 싱가포르는 '파놉티콘Pan-opticon' 같은 도시국가입니다. 보이지 않는 감시망이 나라 전체에 펼쳐져 있습니다. 국민은 등번호로 감시되고 있습니다. 일본도 기를 쓰고 마이넘버(일본식의 주민등록번호 개념이다-옮긴이)를 의무화하려고 했는데, 분명 싱가포르가 모델일 거예요. 저도 싱가포르에 한 번 가봤는데, 오래 머물기 힘들다는 느낌을 받았습니다.

싱가포르의 그늘을 그리는 젊은 영화인들

우치다 모리타 시게루盛田茂가 쓴 『싱가포르의 빛과 그늘シンガポールの光と影』(2015)이라는 책이 있습니다. 그는 싱가포르 영화를 중심으로 오늘날 싱가포르의 실정을 분석했습니다. 지금 싱가포르 영화계에는 젊은 감독들이 등장하여 사회의 어두운 부분을 용감하게 그려내고 있다고 합니다.

강 그런 영화를 제작하면 당국에서 매우 엄격한 검열을 하거나 제한을 가하지 않나요?

우치다 물론 그렇겠지요. 하지만 젊은 세대는 정부가 '클린시티'의 이미지를 유지하기 위해 은폐하고 있던 '싱가포르의 그늘'을 드러냅니다. 싱가포르 영어를

'싱글리시'라고 하는데요, 영화는 엘리트가 쓰는 표준 영어가 아니라 싱글리시를 쓰는 계층의 생활이 나름의 두께와 리얼리티를 획득하고 있음을 보여줍니다.

강　　　　　어떤 의미에서는 독재정권에 대항하는 카운터컬처(대항문화)네요. 안타깝게도 그런 움직임이 세계적으로 알려지지 않은 모양입니다. 저는 오늘 처음 들었거든요.

우치다　　　　제대로 알려지지 않았습니다. 싱가포르는 1965년에 만들어진 도시국가인데요, 건국한 지 반세기가 지나면서 고유의 지방 토착문화, 즉 버내큘러ver-nacular 문화가 형성되고 있습니다. 치안유지법으로 정치적 억압을 받고, 오직 경제성장만이 가치가 있다고 여기는 주류에 편입되지 못한 사람들의 카운터컬처가 생겼습니다. 저는 싱가포르의 그늘에서 문화적으로 아주 강렬한 작품이 나오기를 기대하고 있습니다.

강　　　　　구원이라고 할까요, 희망적이네요. 그런데 저는 일본이 왜 거대한 싱가포르가 되고 싶어 하는지 이해가 안 됩니다. 싱가포르에도 빈곤층과의 소득의

　　　　위험하지 않은 몰락

격차, 교육의 격차가 있을 테고 일본의 경우에도 그 현상이 점점 두드러지고 있습니다. 저는 지금 연재하고 있는 '일본 근대의 에너지'를 마치고 나면 격차 문제에 초점을 맞춰볼 생각이거든요. 그래서 이번에 도쿄 미나토구에 다녀왔습니다. 미나토구에도 향토자료관이 있어요.

진행되는 싱가포르화

강   제가 미나토구에 간 이유는 소득조사 때문이었습니다. 현재 일본에서 1인당 소득이 가장 높은 지역이 미나토구입니다. 납세자의 평균소득이 약 1,200만 엔(2014년 기준, 한화 약 1억 2,000만 원-옮긴이) 정도라고 합니다.

우치다   엄청나네요.

강   반대로 일본에서 가장 소득이 낮은 지역이 구마모토현에 있는데, 오키나와보다 낮습니다. 바로 히토요시·구마 지방의 구마가와강이 가로지르는 구마무라입니다. 이곳은 인구가 4,000명이 안 되는 작은 마을입니다. 정확하게는 기억이 안 나지만 마을의 평균소득은 200만 엔을 밑돌아요.

우치다   1인 평균소득이 맞나요?

강   네, 1인 평균소득이에요. 미나토구의 5분의 1에서 6분의 1 정도에 불과한 수준입니다. 미나토구의 비싼 물가나 땅값을 고려한다 하더라도, 같은 나라 안에서 6배나 차이가 납니다. 이 사실을 접하고, 구마무라 사람들은 어떻게 살아가고 있는지 궁금해졌습니다. 그래서 구마무라에 다녀왔습니다. 주민들의 이야기를 들어보니 현금 수입은 거의 없더군요. 대부분이 계단식 밭에서 작물을 기르며 생활하고 있었습니다. 구마가와는 일본의 3대 급류로 꼽히는 강이고, 마을도 '일본에서 가장 아름다운 마을'에 이름이 올라가 있습니다.
사슴과 멧돼지가 많이 서식하기 때문에 수렵을 생업으로 하는 주민도 있습니다. 이를 통해서 동물성 단백질을 공급받습니다. 구마가와강에서는 은어도 많이 잡히고, 주민들이 공동으로 이익을 얻을 수 있는 입회지入會地 같은 공유지가 많습니다. 마을 사람들의 고령화가 눈에 띄게 진행되고 있지만 커뮤니티 기능이 잘 작동해서 절대로 곤란한 일은 생기지 않습니다. 최근에는 구마무라가 일본에서 수입이 가장 낮은 지역이라는 사실이 알려지면서 어떤 마을인지 궁금해서 찾아오는 관광객도 늘었습니다. 구마무라는 소득이 가장 낮다는 점을 역으로 이용하여 관광사업에도 힘을 쏟고 있습니다.

우치다   그렇군요.

강   이곳 경제에 관해서 말하자면, 일상생활에서 교환가치보다 사용가치가 훨씬 더 우위를 차지하고 있습니다. 교육 환경은 도심과 비교해 뒤떨어지기 때문에 자녀 양육에는 불리하다는 문제를 안고 있습니다. 말씀하신 것처럼 구마무라도 몇십 년이 지나면 인구가 급변할지도 모르겠습니다. 하지만 마을 주민들이 실천하고 있는 자립적 생활방식을 지속할 수 있다면 살아남을 기회가 있지 않을까 싶기도 합니다.

우치다   그렇군요. 그 맹아가 보이는 듯합니다.

성장신화, 리버럴리스트의 약점

강   일본의 싱가포르화는 분명 진행 중입니다. 아름다운 구마무라가 나중에도 이 모습 그대로 존속할 수 있을지 걱정스럽습니다.

싱가포르화되었을 때, 아니 그렇게 되기 전에 지금의 강권적 성장 노선에 대항할 수 있는 힘을 어디에서 찾을 수 있을까요? 최근에는 어째서 리버럴리즘이 이렇게 무력해진 것일까 하는 생각이 자주 듭니다. '리버럴리즘'은 지금의 강권적 성장 노선에 대응을 못하는 게 아닌가 하고요. 오히려 리버럴리즘의 존재가 장벽처럼 느껴지기도 합니다.

구마무라에 위치한 한 체험 시설의 리더와 이런저런 이야기를 했습니다. 그는 도쿄로 나가서 결혼하고 아이들을 키우다가 이혼한 후 50대가 되어서 구마무라로 돌아왔습니다. 그리고 이곳에서 재혼하여 새로운 인생을 시작했다고 합니다. 구마무라가 그의 고향이므로 여기서 제2의 인생을 시작하면서 미디어 전략을 포함해서 마을의 '서바이벌'을 실험해볼 계획이라고 하더군요. 이런 분들이 훨씬 더 '리버럴'의 정신을 체현하고 있다고 생각합니다.

전후 일본의 모든 시민주의적 움직임, 예를 들어 정치학자 마쓰시타 게이치松下圭一가 시민자치를 주창한 '시빌 미니멈론'(영국 도시사회주의가 설정한 내셔널 미니멈을 재편한 일본식 표현으로, 도시형 사회에서 시민의 생활권에 수반되는 정책 공준公準-옮긴이) 등은 검증이 더 필요하겠지만, 현 상황의 돌파구는 될 수 없습니다. 이런 부분에 관해 어떻게 생각하십니까?

우치다　　　'리버럴'이 무력한 이유는 좌익이 전통적으로 성장론자이기 때문입니다. 마르크스 이래로 생산력과 생산관계의 모순에 의해 혁명적 변화가 일어난다는 형태의 이야기가 채용되었습니다. 경제성장이 계급투쟁의 전제조건인 셈이지요. 혁명가들은 기계화나 공업화를 정말 좋아합니다. 구소련의 '국영농장', '집단농장'이나 '대약진' 같은 말도 그래요. 좌익 '리버럴'의 약점은 '성장하지 않으면 행복해지지 않는다. 성장이 지속되지 않으면 계급투쟁에서 승리할 수 없다'라고 믿는 데 있습니다. 그러니 세계화를 주장하는 이들로부터 다른 대안적 성장 전략이 있는지 질문을 받으면 그들은 머뭇거리며 대답을 못 합니다. '그럴 게 아니라 좀 더 지속적으로 성장 가능한, 그리고 좀 더 인도적이고 부드러운 방식의 성장 전략은 어떨까요?' 같은 말을 하면 '꽃밭에 앉아서 헛소리하고 있네. 눈 감으면 코 베어 가는 세상에서 태평한 소리나 하면서 어떻게 살아남으려고?'라는 핀잔을 듣지요. 인구가 줄고 있는 일본에 더 이상 성장의 여지는 없습니다. 성장 전략에 관해 말해봤자 소용없어요. 그보다는 성장하지 않아도 유쾌하게 생활할 수 있는 전략이 필요합니다.

강　　　　아무래도 '리버럴'은 거기까지는 이야기를 못 하지요. 그게 아니라도 부채를 어떻게 할지, 일본의 경제는 어떻게 될지, 일본이 파탄하진 않을지 등 지적하고 싶은 부분이 많을 거예요.

정상경제와 미래

우치다　　　　이제는 '정상경제'로 이행할 수밖에 없지 않을까요. 제로 성장이든 마이너스 성장이든 상관없지 않습니까? 문제는 어떻게 '성장하지 않는 사회'로 안전하게 연착륙할지에 달려 있습니다.

현재 일본의 시스템은 경제성장을 전제로 합니다. 경제성장이 멈추면 동시에 모든 사회제도가 붕괴되도록 만들어져 있어요. 이런 점에서 일본은 정말로 취약합니다. 하지만 7만 년 전부터 인간은 경제활동을 해왔습니다. 그 대부분의 시기 동안 한 개인이 태어나서 죽을 때까지 생산의 형태와 교환의 형태가 거의 바뀌지 않는 정상경제였습니다. 1년간 몇 퍼센트 성장을 했는지 같은 수치를 산업혁명 이전의 인류는 구경한 적도 없으니까요. 그래서 산업혁명 이전의 인류가 불행했느냐 하면, 저는 그렇지 않다고 생각해요. 부의 많고 적음으로 인간의 행복을 잴 수는 없기 때문입니다.

연소득이라는 지표를 보면, 구마무라는 미나토구의 6분의 1에 지나지 않지만 구마무라에서도 서비스와 물품의 교환이 활발하게 이루어집니다. 교환이 시장을 경유하지도, 화폐를 사용하지도 않는 활동이기에 지금 기준으로 보면 경제효과가 0이에요. 하지만 실제로 구마무라에서 거래되는 서비스나 재화를 미나토구의 시장에서 상품으로 구입하려 한다면 얼마나 많은 대가를 지불해야 할까요. 맛있는 샘물이 솟는 마당과 송이버섯을 캘 수 있는 뒷산 같은 풍요로운 환경을 떼어내서 상품화하기란 어렵습니다. 만약 미나토구에서 구마무라의 환경을 통째로 사려고 한다면 아마도 천문학적 대가를 지불해야 하지 않을까요.

제가 속한 가이후칸凱風館(우치다 타츠루가 고베시에 직접 세운 무도와 철학을 위한 배움터-옮긴이)은 구성원이 200명 정도인 공동체인데요, 이 정도만 되어도 공동체 내부에서 삶에 필요한 다양한 지식과 정보, 기술과 서비스를 충분히 교환할 수 있습니다. 물론 어떤 상황에도 재화를 개입시키지 않는 비시장 경제활동입니다. 우리가 가이후칸에서 아무리 활발한 경제활동을 하더라도 그 효과는 GDP를 계산할 때 포함되지 않습니다. GDP라는 관점에서 보면 이 공동체는 아무것도 생산하지 않으며 아무 가치도 만들어내지 않는 거예요. 이상하지 않나요? 사람들의 경제활동을 전부 화폐로 가치 매길 수는 없습니다. 사람이 사는 데 정말로 필요한 것의 대부분은 '상품'이라는 형태로 제공되지 않습니다. 그러니 상품의 이동이나 주가, GDP만으로 사회의 구성원들이 실제로 어떤 생활을 하는지 폭과 깊이를 측정할 수 없습니다.

강   맞아요. 돈을 쓰지 않는 교환은 정신건강에도 아주 좋습니다. 화폐경제에서처럼 항상 득실을 따지지 않아도 필요할 때 다양한 가치를 서로 교환할 수 있습니다. 그리고 그 사용가치는 아주 높지요.

유사 이래로 인류는 생산의 형태와 교환의
형태가 거의 바뀌지 않는 정상경제를
영위해왔다. 성장하지 못하면 모든
인류가 불행해질 것이라는 신화는 근대의
산물이다. 하지만 인간의 모든 활동을,
인간이 창출해낸 모든 재화를 화폐로 가치
매길 수는 없다. 부의 많고 적음만으로는
결코 인간의 행복을 측정할 수 없다.

우치다　　　　시장에서 상품으로 구입할 때는 몹시 비싼 값을 치러야 하는 서비스도, 상호부조적 공동체의 내부에서는 '좀 부탁드립니다'라는 말로 해결할 수 있습니다. 그 대가는 다른 기회에 다른 형태로 누군가의 '좀 부탁드릴게요'에 응하는 것으로 치러집니다. 이런 네트워크도 훌륭한 경제활동이라 생각합니다.

강　　　　일종의 호혜성이로군요.

우치다　　　　호혜적 공동체에서는 돈을 많이 사용하지 않아도 됩니다. 아마도 몇천 명 규모의 공동체라면 화폐를 거의 사용하지 않고도 보통의 도시생활 수준의 경제활동이 가능하리라고 예상합니다. 얼마 전에도 이야기한 적이 있는데요, 전력 같은 기본적인 에너지도 공동체의 규모가 몇천 명 수준이라면 내부에서 충분히 공급할 수 있다고 합니다.

강　　　　철학자 가라타니 고진柄谷行人은 공통의 목적하에 모인 커뮤니티를 네이션(국가)을 넘어선 '어소시에이션'이라고 했지요.

우치다　　　　저라면 '아나키즘'이라고 할 텐데요. 원래 아나키스트들의 구상은 국가의 간섭을 배제한 상호부조의 공동체니까요.

강　　　　그러네요. 작은 섬우주島宇宙 같은 사회들이 구성되고, 그것이 리좀rhizome(땅속줄기. 들뢰즈와 가타리는 이것을 이분법적 대립에 의해 발전하는 서열적이고 초월적인 구조와 대비되는 내재적이면서도 배척적이지 않은 관계의 모델로 제시했다. 강상중과 우치다 타츠루는 네그리의 제국/엠파이어 개념을 다시 한 번 의식하며 이 단락에서 리좀을 차용했다-옮긴이)으로 연결되면 새로운 삶의 양식을 만들 수 있겠지요. 구마무라의 건투를 직접 보면서 이런 생각을 했습니다.

우치다　　　　저도 그렇게 생각합니다. 물론 세상에는 금융이나 IT, 바이오 같은 번쩍번쩍하고 스릴 있는 경제활동을 하고 싶어 하는 사람도 많습니다. 그들은 하고 싶은 대로 하면 됩니다. 모두가 똑같이 상호부조 공동체에서 수더분하게 살아야 하는 건 아니니까요. 눈감으면 코 베어 가는 격렬한 경제활동을 하는 사회의 주변부에 온화하고 비시장적이며 탈화폐적이고 호혜적인 공동체가 있어도 좋지 않을까요.

실제로 그 안에서도 활발하게 교역이 이루어지고 있습니다. 이슬만 먹고 살자는 게 아니니까요. 저는 한 사회 안에 다양한 경제형태가 공생하는 것이 좋다고 생각합니다. 그러니 오해하지 말아주세요. 사회의 구석구석까지 호혜적 공동체로 꽉 차길 바라는 건 아닙니다.

사회 전체가 호혜적 공동체로만 이루어진다면, 그건 또 그것대로 답답하고 재미없습니다. 저는 모두가 다 똑같아지는 걸 제일 싫어해요. (웃음)

강　　　　　한 가지 색으로 통일하는 일은 가능하지도 않고요. 다양성이 존재해야 건전하지요.

우치다　　　　그렇습니다. 한쪽에는 화폐를 초고속으로 회전시키는 경제활동이 존재하고, 다른 쪽에는 화폐를 최소한으로 사용하는 교역 중심의 공동체도 있으며, 어딘가에는 화폐를 전혀 개입시키지 않는 상호부조 공동체도 존재하는, 다양한 경제활동이 동시에 작동하는 사회가 좋지 않을까요. 저는 크기와 기능이 다른 다양한 공동체가 각각의 역사적 배경과 지리적 조건에 기반하여 최적의 모델을 선택할 수 있는 사회를 희망합니다.

금융상품을 사고파는 게 너무 좋은 사람에게 당장 거래

를 멈추라고 하는 이야기가 아닙니다. 도박을 좋아하는 사람에게 살 떨리는 스릴을 포기하라고 강요할 수는 없어요. 그 정도로 하고 싶으면 해야죠. 하지만 그걸 다른 사람에게 강제하지는 말았으면 해요. 전 국민에게 도박을 강제하거나 국민자원을 전부 주식시장에 쏟아붓는 등의 일은 하지 않았으면 좋겠어요. 저는 대안적 경제활동을 만들고 싶어요. 그런 자유를 인정해달라고 이야기하는 것뿐입니다. 제가 그렇게 큰 걸 바란다고 생각하지는 않아요.

다만 역사적 필연으로서 글로벌 자본주의는 쇠퇴하고 정상경제로 돌아가겠지요. 문명사적으로 볼 때 이 흐름은 불가피합니다. 시간이 얼마나 걸릴지는 모르겠지만 정상경제로 되돌아가리라는 사실은 틀림없습니다.

강   그렇게 되면 좋지만, 강권적으로 강요하고 싶은 사람은 그런 공동체까지도 억지로 자본의 시스템 안으로 끌어들이려 하지 않을까요?

우치다   '그렇게 하면 GDP가 늘지 않잖아. 너는 경제성장을 막을 생각이냐. 비국민 자식!'이라며 핏대를 세우고 성내는 사람이 나오겠지요.

전후 민주주의라는 허상

강   최근에 누군가 제게 묻더군요. '과연 전후 민주주의라는 게 있었을까요?'라고 말입니다. 일리가 있다 싶어서 생각해보았습니다. 전후 민주주의란 뭘까 하고요.

전후 민주주의의 유산은 어느 정도 계승되었다고 생각합니다. 그렇다면 왜 지금 이토록 '반지성적' 정치가들이 득세하는 걸까요. 전후 민주주의가 약해진 이유는 시민의 생활이 점점 향상된다는 환상 속에서 살아왔기 때문 아닐까요. 그동안에는 평화, 성장, 풍요가 삼위일체된 세계에서 평화란 좋구나, 돈도 많이 벌고 풍요로우니라고 말하며 민주주의를 예찬해왔습니다.

이 도식이 성립하지 않게 된 상황에서도 똑같은 결과를 기대하면서, '역시 성장이 최고야'라고 억지로 그 방향으로 몰고 가는 이들이 득세하고 있습니다. 이렇게 보면 정말 전후 민주주의가 있었는지 다시 생각해보게 됩니다.

우치다   저는 없었다고 생각해요.

강   왜 그렇게 생각하십니까?

우치다   민주주의라는 제도는 분명 존재했습니다. 전후에 생겼어요. 하지만 그 제도를 운용할 사람들이 전부 '민주주의를 모르는 어른들'이었습니다. 군국주의 시대에 대일본제국의 신민이었던 사람들이 그냥 그대로 전후 민주주의 시대로 수평 이동한 거지요. 게다가 민주주의는 그들이 원해서 손에 넣은 것도 아니고 자기 돈을 치르고 획득한 것도 아니에요. 일본의 민주주의란 어떠해야 할지에 대해서 생각해본 적도 없는 사람들이 어느 날 갑자기 잘 만들어진 민주주의제도라는 패키지를 손에 넣었습니다. 사용법을 아이들에게 가르쳐야 했는데, 자신들도 사용법을 모르니 호기롭게 아이들 세대로 권한을 이양했습니다.

민주주의의 시대이니 스스로 알아서 결정하라며 아이들에게 권한을 넘겨줍니다. 하지만 어떻게 민주적 조직을 운영할지에 대한 노하우는 가르쳐주지 않았습니다. 그 시대에는 '민주주의를 어떻게 운영해야 합니까?'라는 질문에 제대로 대답해줄 수 있는 어른이 없었으니까요. 제도는 있었습니다. 학생회도 있었고 아동회도 있었고…, 제도 자체는 존재했습니다. 하지만 우리는 왜 이런 제도가 필요한지 이유를 몰랐으며 사용법도 몰랐습니다.

강   군국주의 시대를 살아온 부모 세대는 우리 세대에게 민주주의를 가르칠 방법이 없었습니다. 당신들도 체험하지 못했으니 말입니다.

우치다   한 가지 예를 들어볼까요. 저는 고등학생이 되기 전까지는 '의사법議事法'의 존재를 몰랐어요. 고등학교 1학년 때 학생총회 부의장으로 지명되었는데요, 의장 선배가 다음 날까지 읽어오라면서 건네준 『의사법』이라는 얇은 책을 보고 깜짝 놀랐어요. 그때까지는 '동의動議'(회의에서 토의할 안건을 제기하는 일-옮긴이)라는 개념을 알지 못했습니다. 『의사법』을 읽고 나서야 거기에도 다양한 규칙이 있다는 사실을 깨달았습니다. 이 책은 머리로 생각해서 만든 '룰북rule-book'이 아닙니다. 합의 형성에 이르기까지 무수하게 많은 곤란한 상황을 마주한 옛 선인들이 그때마다 '이 경우에는 이렇게 하자'라고 만들어낸 규칙이에요. 다시 말해서 그 '룰'에는 사람들의 피가 흐르고 있었습니다.

'의사법'을 다시 떠올린 것은 2015년 여름 국회의사당 앞 시위 때였습니다. 국회 내부의 특별위원회에서는 안보법제 채결採決(의장이 의안의 채택 가부를 물어 결정하는 일) 문제로 의원들 간에 고성과 주먹다짐이 오갔습니다. 빨리 채결을 하라고, 대안이 없으면 이걸로 가겠다고 법안 처리를 강행하고 있을 때였습니다. 같은 시각, 국회 바깥에서는 젊은이들이 헌법을 지키고 입헌민주주의를 지키라고 소리를 높이고 있었습니다. 간단히 결론을 내지 말고 좀 더 논의를 지속해달라고 호소했습니다. 이는 의사법으로 말하면 '연회延會(회의를 연장하는 것)의 동의'입니다.

강　　　국회 안에서는 채결의 동의가 이루어지고 있을 때, 시위대는 연회의 동의를 냈군요.

우치다　　　그렇습니다. 논쟁이 심해졌을 때 누군가가 '더 이상 논의해봤자 소용없다. 채결하자'라고 말하는 행위가 '채결의 동의'입니다. 이에 대해 '아니, 아직 충분히 논의를 하지 않았으니 좀 더 이야기를 나누자'라고 하는 행위가 '연회의 동의'입니다. 의사법에 의하면 '채결의 동의'와 '연회의 동의'가 함께 나온 경우, '연회의 동의'를 우선해야 합니다. 저는 특히 이 규정에 '피가 흐르고' 있다고 생각합니다. 민주적 논의의 긴 역사 가운데, 경험을 통해 습득한 지식으로 지지되는 규칙이라 생각합니다.

시위 중이던 SEALDs 소속의 젊은이들은 아마도 의식하지 못했겠지만, 그들은 국회 내부에서의 '채결의 동의'에 대해 '연회의 동의'를 제출했습니다. 스스로는 의식하지 않았다 하더라도 민주주의를 경험하며 쌓인 지식의 일부가 그들 속에서 피와 살이 되었음을 알게 되었습니다. 독일의 생물학자 헤켈Ernst Haeckel은 '개체발생은 계통발생을 반복한다'라고 말했습니다. 저는 국회 앞의 젊은이들을 보면서 이 말이 떠올랐습니다. 20살 남짓의 젊은이들이 민주주의의 긴 역사를 거치며 축적된 경험지식을 마침내 생활 속에서 실감하게 되었습니다. 그들은 누군가에게 배워서 알게 된 것이 아니라 '저는 그냥 이렇게 생각해요'라고, 민주주의의 가장 훌륭한 지혜의 일부를 자기 목소리로 말하고 있었습니다. 이 모습을 보면서 전후 민주주의가 70년이 지난 지금 드디어 몸을 갖게 되었음을 깨달았습니다. 새삼스럽지만 정말 감개무량했습니다.

강 　　　　　전후에 없었던 민주주의의 맹아를 시위대의 젊은 세대에게서 발견하셨군요. 젊은이들이 일본 사회를 향해 목소리를 높이고 있었으니까요.

우치다 　　　　전후 70년 만에 민주주의의 본질을 제 힘으로 획득한 세대가 등장했습니다. 그러나 국회 바깥에서 청년들이 제출한 '연회의 동의'는 국회에서 가볍게 무시되었습니다. 이 모습을 보면 일본 사회에 민주주의가 뿌리내렸다고 말하기는 아직 어렵습니다. 하지만 바깥에서 온 민주주의의 씨앗이 3세대 만에 일본의 토양에 익숙해지고 뿌리를 내려 일본 특유의 '민주주의의 꽃'을 피우게 되었음을 알았습니다. 역사적 맥락을 부감한 듯한 기분입니다.

앵글로색슨 리버럴리스트의 행방

강　　　전후에는 없었던 일본의 민주주의를 보안법안 결의 투쟁을 통해 조금이나마 엿볼 수 있었습니다. 우치다 씨가 말한 의사법도 그렇지만, 민주주의에서 평등이란 없어서는 안 될 중요한 요소입니다.

최근의 움직임을 보면 미국 대통령 선거에서 사회주의자 버니 샌더스가 믿을 수 없을 정도로 약진하고 있으며 영국 노동당의 제러미 코빈Jeremy Corbyn도 제법 지지를 받고 있습니다. 코빈은 샌더스보다 더 급진적이어서, 신자유주의 자체를 거부합니다. 저는 글로벌화를 이끌던 영국과 미국에 강력한 좌파가 등장했다는 점에 주목하고 싶어요.

우치다　　　　캐나다의 쥐스탱 트뤼도Justin Trudeau
도 리버럴이지요. 앵글로색슨권에서 좌파 리버럴리스트
정치인들이 집중적으로 나왔다고 설명할 수 있습니다.

강　　　　　　얼마 전만 해도 예상하기 힘든 일이었
어요. 하지만 결국에는 영국과 미국, 캐나다에서도 이런
현상이 생기네요. 이번에 민주당의 샌더스가 당선된다
면….

우치다　　　　어쩌면 될지도 몰라요. 지미 카터Jimmy
Carter도 대통령이 되었잖아요.

강　　　　　　미국 대선 결과에 대한 예측과는 상관
없이, 저는 대중이 민주사회주의나 사회주의의 존재를
분명하게 인지하기 시작했다는 느낌을 받았습니다. 우리
사회에서도 20년 전에는 '사회주의'가 바보 취급을 받았
잖아요.

우치다　　　　좌익을 가타카나로 '사요쿠サヨク'라고

썼지요. 그 자체가 냉소의 대상이었습니다(가타카나는 주로 외래어, 외국인의 인명과 외국 지명 등을 표기할 때 사용하는 문자이다. 그런데 가타카나로 표기해야 할 이유가 없는 상황에서 가타카나로 표기하는 경우 조소의 의미가 포함되기도 한다-옮긴이).

강   1960~70년대에는 '우익'이 바보 취급을 받았는데 지금은 완전히 역전되었습니다. 그러니 지금 사회주의의 정의를 분명히 해야 합니다. 적어도 영국과 미국에서 사회주의를 주창하는 유력한 정치가가 나왔다는 사실은 틀림없으니까요.

우치다   저는 미국에 사회주의가 좀 더 뿌리를 내려도 좋지 않나 합니다. 아니, 이미 뿌리를 내렸을 거라고 생각해요. 미국의 사회당 창건은 1901년이고 미국 공산당 창건은 1919년입니다. 1921년에 창건한 중국 공산당보다 오래되었어요. 일본 공산당은 1922년이니까 그보다도 오래됐습니다. 핵심 멤버는 유럽에서 온 이민자들입니다. 마르크스 시대에 유럽의 노동운동은 심한 탄압을 받습니다. 활동가들은 동쪽에서 서쪽으로 달아났습니다. 마르크스 역시 독일에서 프랑스로, 또 프랑스에서 벨기에를 거쳐 영국으로 몸을 피했습니다.

영국에서 미국으로 도망친 활동가들이 엄청나게 많은 것은 당연한 일입니다. 파리코뮌의 투사들이나 제1인터내셔널(유럽 사회주의자가 1864년에 설립한 세계 최초의 국제적 정치결사)의 초창기 멤버들이 미국으로 건너갔습니다. 미국은 원래 유럽보다는 정치적으로 자유로운 땅이었으니 거기에 사회주의운동이 퍼지지 않을 리가 없습니다.

실제로도 20세기 초엽에 미국 사회당은 하원 의석을 가지고 있었습니다. 그대로 순조롭게 갔다면 영국이나 프랑스처럼 미국에서도 공산당이 하원 의석을 확보할 수 있었을 거예요. 하지만 미국에서는 그런 건전한 성장이 일어나지 않았습니다. 그 이유는 '사람' 때문이라고 생각합니다.

강　　　　　사람 때문이라고요?

우치다　　　　조지프 매카시Joseph R. McCarthy 공화당 상원의원과 존 에드거 후버John Edgar Hoover 미국 연방수사국FBI 종신 국장 말입니다.

강　　　　　역시, 그 이름이 나오는군요.

우치다　　이 둘은 아주 불건전하고 상식을 벗어난 정신구조를 가진 사람입니다. 이들이 무서운 권력을 행사했습니다.

강　　'레드 퍼지Red Purge'(적색 분자 추방)로 적색 공포를 일으켰지요.

이데올로기의 세례를 받지 않은 새로운 세대의 등장

우치다　　매카시와 후버가 조장한 사회주의자와 공산주의자에 대한 공포와 박해는 정상적이지 않았습니다. 특히 후버는 48년간, 무려 8명의 대통령 재임 기간 동안 FBI 국장으로 재직하며 좌익을 철저하게 사냥했습니다. 가장 심각했던 시기는 매카시가 상원위원회에서 정부 내의 공산주의자를 적발하던 1952년부터 1954년까지입니다. 짧은 기간이었지만 그동안 미국 정부기관은 거의 기능정지 상태였으며 당연하게도 미국의 좌익운동이 괴멸적 타격을 받았습니다.

'좌익'이라는 혐의를 받기만 하면, 어떤 변명도 허용되지 않았으며 일터를 잃고 엄격한 사회적 제재를 받게 되는 일이 현실에서 벌어졌지요. 많은 미국인이 자신을 지키기 위해 친구와 동료를 좌익으로 고발했습니다. '일반 시민'이 제 몸을 지키기 위해 '좌익'의 낙인이 찍힌 동료를 버렸습니다. 이 사건이 트라우마가 되어 '좌익'이라는 말만 들어도 알레르기 반응을 일으키게 됐다고 생각합니다.

강　　　　　매카시즘을 고발하는 영화도 있었지요. '레드 퍼지'는 영화계에도 많은 영향을 미쳤고 전향을 강요당한 감독과 배우도 많았다고 합니다. 어떤 면에서 미국에 카운터컬처가 뿌리를 내릴 수 있었던 배경은 좌익에 대한 탄압이 오래 이어졌기 때문일 수도 있습니다.

우치다　　　　매카시를 고발한 기골 있는 저널리스트는 CBS의 뉴스 캐스터 에드워드 머로Edward Murrow입니다. 머로와 매카시의 싸움은 조지 클루니가 출연한 영화 〈굿 나이트 앤드 굿 럭〉(2005, 미국)에 잘 그려져 있습니다. 매카시가 상원의원이 되지 않았다면, 혹은 후버가 반세기 동안 FBI 국장을 하지 않았다면 미국 좌익운동의 전개는 좀 다르지 않았을까요. 하원에 의석도 가졌을 테고, 주지사나 주의회 의원, 시장 같은 자리에도 사회주의자가 몇 명씩 있었을 거예요. 지식인들도 평범하게 마르크스와 레닌을 읽었으리라 생각합니다. 실제로는 그렇게 되지 못했습니다. 저는 이를 '역사의 필연'이라고는 보지 않습니다. 후버 같은 인물이 미국의 '막후 권력자'로 반세기나 군림한 사실이 어떤 의미에서든 미국사의 필연은 아니라고요. 그저 불행한 우연일 뿐입니다. 그 우연이 미국에 사회주의가 뿌리내리는 것을 막았습니다.

1911년에 미국 사회당 소속으로 처음으로 하원의원에 당선된 빅터 버거Victor L. Berger는 오스트리아제국 출신의 유대인이었습니다. 지금 '민주사회주의자'라는 이름을 걸고 있는 버니 샌더스는 폴란드계 유대인입니다. 둘 사이에는 100년이라는 세월이 있으나 매카시와 후버가 없었다면 '100년의 공백'이 더욱 짧아졌을 가능성도 있다고 생각합니다.

1980년대 이후 소련의 와해와 중국의 '자본주의화'로 인해 과거에 사회주의가 번성하던 선진국에서는 사회주의가 지녔던 사상적 지남력指南力(시간과 장소, 상황이나 환경 따위를 올바로 인식하는 능력-옮긴이)이 자리를 잃었지만 미국은 그런 경험을 하지 못했습니다. 사회주의 조직이 국내에 거의 없는 상태였으니 잃을 권위가 없었습니다. 현대 미국인 가운데에는 사회주의의 영고성쇠를 체감한 사람이 없습니다. 이런 역사적 의미의 검증을 자기 일로 여기는 사람도 없습니다. 바로 이때 버니 샌더스가 등장했습니다. 그는 사회주의자로서는 아주 당연한 고전적인 정책을 내걸었지만, 사회주의를 전혀 모르는 미국 시민의 입장에서는 그의 정책이 '깜짝 놀랄 정도로 신선해' 보입니다. 얼마 전에 정치학자 야마구치 지로山口二郎 교수와 이야기한 적이 있어요. 그는 미국인이 샌더스에게 열광하는 이유를 사회주의를 잘 모르기 때문이라고 분석하더군요.

강　　　　젊은 세대에게는 아주 새로운 이데올로기로 보이겠지요. 이제까지는 본 적이 없으니까요.

우치다　　　　매카시즘의 시대나 베트남전쟁을 기억하는 세대에게는 좌익 알레르기가 남아 있지만, 동서냉전이 끝난 지 벌써 사반세기가 지났습니다. 그 뒤에 자라난 미국인에게 공산주의와 사회주의가 절실해진 것은 아닐까요.

강　　　　젊은 세대는 전혀 알레르기가 없지요.

우치다　　　　쿠바 미사일 위기(1962년 소련의 미사일

기지를 쿠바에 배치하려는 시도를 둘러싸고 미국과 소련이 대치하면서 핵전쟁의 가능성이 고조되었다), 동서냉전, 베트남전쟁을 모르는 세대는 '공산주의자는 악마다'라는 이데올로기의 세례를 받은 적이 없습니다. 매카시와 후버가 미국 사회에 퍼뜨린 병이 이미 치유되었는지도 모르겠습니다.

강　　　　　그런 면에서 일본 역시 젊은 세대가 새로운 좌익사상을 지지할 가능성이 큽니다.

우치다　　　일본 공산당과 사회당이 계속해서 조직적으로 활동해왔으며 구태의연한 노동조합도 여전히 그대로라서, 좌익이 자신들의 이미지를 일신하기는 어려울 거예요. 앞으로 25년 정도는 더 지나야 손때가 묻어 더러워진 좌익의 이미지가 희미해지지 않을까요. 하지만 지금 20살 정도의 젊은이들은 '사요쿠' 같은 딱지를 붙여도 전혀 반응하지 않습니다. "그게 뭔데요?"라는 느낌이지요. 그 딱지의 효과는 '반공 알레르기'를 앓던 세대까지였습니다.

통일 독일의 안정성

강　　　　버니 샌더스가 말하는 민주사회주의를 유럽 대륙의 방식으로 설명하면 '소셜 데모크라시'와 유사합니다. 이런 관점에서 보면 현재 독일은 전통적 사회민주주의 노선을 유지하고 있는 듯합니다. 최근에 난민 문제로 메르켈 총리의 평판이 좀 나빠졌지만, 일단 유럽에서는 제법 안정적인 정치력을 유지하고 있습니다. 이 예가 일본의 사민당과는 많이 다르지만, 유럽의 선진국이라 불리는 나라들이 앞으로 어떤 형태로 소셜리즘을 수용할지 관심이 갑니다. 소셜리즘을 굳이 마르크스-레닌주의와 연결시키지 않고 '사회를 소중하게 여기는 사상', '사회를 복권하는 사상'이라고 생각하면 되지 않을까요.

우치다　　　사회주의의 반대 개념이 뭔지 잘 모르겠네요.

강　　　　저도 마찬가지입니다. 개인주의라고도 할 수 없어요. 사회가 존재하려면 개인도 꼭 있어야 하니까요. 신자유주의가 석권한 최근 10~20년간 가장 많이 사라진 단어가 '사회'입니다. 신자유주의는 '돈을 벌 수 있으면 사회 같은 건 어떻게 되든 난 몰라'라는 식의 풍조니까요. 지금이라면 사회의 기반을 단단하게 다지자는 주장이라고 하면 받아들여질 것 같습니다.

우치다　　　독일이 유럽의 국가들 가운데 상대적으로 안정적인 통치구조를 가질 수 있었던 이유로 특히 동서 독일의 통합을 이뤄냈다는 점이 크게 작용했다고 봅니다. 인구로 보면 서독과 동독은 4대 1의 비율이었습니다. 패전에서 통일까지 40년 동안 동독은 소련의 위성국가였습니다. 서독과는 전혀 다른 통치형태와 국가관을 가지고 있었어요. 무엇보다 동독은 나치 독일의 전쟁범죄에 관해 자신들은 일절 책임을 지지 않는다는 입장이었어요. 동독은 나치 독일과 싸워 이긴 나라이며 나치의 전쟁범죄를 규탄하는 입장이므로 그들이 범한 전쟁범죄를 다른 나라에 사죄할 필요가 없다는 식이었습니다. 전쟁 책임을 받아들이기를 거부했어요. 그런데 독일은 통일을 하면서 전쟁 책임을 받아들이지 않겠다고 공언하던 사람들을 수용했습니다. 그들은 인구의 20퍼센트 정도입니다. 메르켈도 동독 출신이니 학교 교육을 통해서 독일의 전쟁 책임에 관해 동독은 사죄할 의무가 없다고 배웠을 테지요.

하지만 독일에서 구 동독의 국민을 조직적으로 세뇌시키려고 시도했다는 이야기는 들어본 적이 없습니다. 서독 국민들은 자기와 다른 역사인식을 가진 구성원들을 동포로서 있는 그대로 받아들이려 했다고 봅니다.

서독은 1960년대에 대량의 터키 이민자들을 받아들였습니다. 종교와 생활습관이 완전히 다른 이민자를 대량으로요. 그때의 경험이 아주 크게 작용하지 않았을까요. 무슬림에게 느낀 위화감과 비교했을 때 동독 사람들의 역사인식은 조금 다를 뿐 거의 같으니까요.

강　　　　이민자를 수용했던 경험이 크다고 봅니다. 문화가 다른 사람들을 포섭하는 일이니까요. 독일 국민의 입장에서도 상당히 각오가 필요한 일이었습니다.

우치다　　　　프랑스의 경우 비시 정부의 관료층이 거의 그대로 수평 이동하여 제4공화국의 관료사회를 형성했습니다. 그들은 대독 협력에 대한 전쟁 책임을 어떻게 규명할지에 관해서는 눈을 감았습니다. 한편 독일은 전쟁 책임이 없다고 배운 1,600만 명의 동포를 수용한 뒤에도 여전히 대통령이 유럽 각지를 돌며 나치 독일의 전쟁범죄를 사죄했습니다. 패전을 부인하는 프랑스와는 매우 다른 장면입니다.

강　　　　저는 2005년에 반년간 독일의 라이프치히에 머물렀습니다. 구 동독 지역이지요. 마을에는 가끔 러시아어로 노래하는 사람도 있었습니다. 라이프치히대학은 독일에서는 하이델베르크대학 다음가는 전통의 명문으로, 동독 시절에는 칼마르크스대학이었죠. 예전에 괴테가 다녔고, 소설가 모리 오가이森鴎外도 이 학교에서 유학했습니다. 메르켈도 이곳 출신입니다.

우치다　　　그렇군요.

강　　　　제가 갔을 때는 냉전 붕괴와 베를린 장벽 붕괴를 거의 모르는 세대의 학생들이 많았습니다. 하지만 과거의 흔적도 조금 남아 있었습니다. 과거 냉전기에 동서 독일의 사람들은 서로를 '오시Ossi'(게으르고 불평 많은 동독놈)와 '베시Wessi'(거드름 피우고 잘난 척하는 서독놈)라고 부르며 조롱했는데요, 제가 방문했을 때도 동쪽 학생을 놀리듯이 '오시'라고 부르는 모습을 보았습니다. 이 표현에는 바보 취급하는 느낌이 섞여 있어요. 아주 심각한 차별은 아니지만 그런 분위기가 조금 남아 있었습니다.

우치다　　　　실제로 구 동독 국민에 대한 차별이 있을지도 모르지만, 표면적으로는 그렇게 두드러지지 않았습니다. 메르켈이 총리가 되었다는 사실은 동독 출신에게도 출세길이 열려 있다는 뜻이잖아요.

강　　　　그렇습니다. 나치 체험을 통해 이민자를 많이 수용하게 되었고, 일단 어느 정도 융화를 달성했으니 그 정신을 살려서 동서 독일의 통합도 가능했다고 봅니다.

우치다　　　　세계대전을 겪으며 타자에게 관용을 베풀어야 한다는 교훈을 전 국민이 공유하게 되었다고 생각합니다.

강　　　　저도 그렇게 생각합니다. 그러한 수용의 정신을 바탕으로 독일은 난민 수용에 적극적으로 나섰습니다.

우치다　　　　헌법에도 그렇게 쓰여 있습니까?

강　　　　네, 헌법에 있어요. 일본 헌법에 해당하는 '독일연방공화국기본법'에 난민이 박해받지 않도록 하는 비호권이 보장되어 있습니다.

그렇다고는 해도 현재 메르켈의 난민 수용 방침에 대해서는 심각한 국민적 반발이 나타나고 있어요. 시위대가 메르켈은 물러가라고 외칠 정도예요. 점점 밀어닥치는 난민 문제로 인해 어느 나라건 한계에 다다른 상황입니다.

6장

불쾌한 시대의 폭주를
막기 위하여

1938년 9월 17일 독일의 체코슬로바키아 강제 병합에
항의하며 LA 소재 독일 영사관 앞에 모인 반나치 시위대.

미국의 정체는 언제 시작될까

강　　　　우치다 씨와 제가 생각하는 방향이 거의 일치해서 뿌듯합니다. 지금부터는 앞으로 세계가 어떻게 변할지, 조금 더 커다란 그림을 그려보려 합니다. 제가 가장 관심 있게 보고 있는 부분이 미국이 언제 속도를 잃고 정체될 것인가라는 문제입니다. 미국을 중심으로 한 네그리적 '엠파이어'에 균열이 가기 시작했음은 틀림없습니다. 하지만 그렇다고 해서 중국이나 러시아 같은 형태의 제국이 패권을 쥘 것이라고는 생각되지 않습니다. 그 사이에 끼어 있는 중동 혹은 한반도 같은 나라에까지 상당한 알력이 생기거나 부하가 걸릴 듯해서 우려됩니다. 실제로 현재 중동에서 심각한 혼란이 벌어지고 있지요. 미국과 중국 사이의 알력의 최전선에 위치한 한반도의 양상이 어떻게 변하는가에 따라 일본의 미래도 달라지겠지요. 그렇다면 미국은 언제 어떤 상황에서 정체되기 시작할까요?

우치다　　　지금까지 미국은 국제사회에 강한 영향력을 발휘할 수 있었습니다. 미국은 아주 특수한 역사적 조건 아래에서 성립한 나라임에도 불구하고 그 로컬한 성공 사례가 전 세계에 표준으로 강요되었습니다. 온 세상 사람들이 그렇게 믿을 정도로 미국은 눈부신 성공을 거두었습니다. 하지만 그 광채가 서서히 희미해지기 시작했어요.

미국의 정체는 제국의 와해라는 극단적 형태가 아니라 전 세계가 '미국 모델'이라는 환상에서 깨어나는 형태로 단계적으로 진행될 것입니다. 무슨 일이 있어도 미국의 성공 모델을 복사해야 한다는 '광기'에서 벗어나, 이제는 각국이 각자의 사정에 맞춰 최적화된 모델을 고민해나가면 된다는 당연한 생각을 하게 되겠지요.

미국의 국력이 한순간에 약화되지는 않을 거예요. 저력이 있으니까요. 몰락을 하더라도 천천히, 조금씩 지위가 하락하지 않을까 합니다. 장기 하락이 진행되면서 미국이 제시하는 모델의 범용성 또한 점점 힘을 잃어버리고, 세계가 '미국은 미국이고, 우리는 우리다'라고 말하는 상황이 올 거예요.

중동 문제는 미국의 글로벌리즘과 이슬람의 글로벌리즘의 충돌입니다. 둘 다 글로벌합니다. 하지만 글로벌 공동체라는 면에서 보면 이슬람권의 역사가 훨씬 더 오래되었습니다. 미국이 '우리가 세계의 표준이다'라고 아무리 외쳐도 이슬람권에서는 '무슨 소리야?'라고 반발하는 게 당연하지요.

나이토 마사노리內藤正典 선생과 나카타 선생이 함께 쓴 『이슬람과의 강화: 문명의 공존을 향하여イスラームとの講和: 文明の共存をめざして』에 나오듯이, 이슬람과 미국 모두 자기이야말로 세계의 표준이라는 주장을 포기할 수밖에 없습니다. '당신이 보는 세상'과 '내가 보는 세상'은 다르다고 서로 인정할 수밖에요.

강　　　　　음, 그건 정말 중요하다고 생각해요. 지금까지 미국은 글로벌리즘을 너무나 심하게 강요했으니까요. 각자의 세계 인식이 다른데, 강요한다고 한들 점점 서로 더 어긋날 뿐이지요.

서로의 세계를 인정하기

우치다　　　　누구나 '내가 보는 세상만이 진실하고, 네가 보는 건 환상이다'라고 생각하게 마련입니다. 속으로 생각하는 것은 어쩔 수 없어요. 하지만 그걸 입 밖으로 꺼내느냐 마느냐는 또 다른 문제입니다. '모름지기 인간은 이래야 한다', '인간 사회는 이래야 한다'는 말을 자제

해야 합니다. 경계는 아슬아슬하게 '인간으로서' 해야만 하는 일 정도까지라고 생각합니다.

예를 들어 볼까요. 눈앞에 죽어가는 사람이 있으면 우리는 달려가서 그를 구완합니다. 굶는 사람이 있으면 밥을 먹이고, 추운 겨울에 갈 곳이 없는 난민이 있으면 한 끼 식사와 하룻밤 잠자리를 제공하겠다고 제안합니다. '인간으로서' 우리가 할 수 있는 일은 여기까지예요. 대단한 원리원칙이나 대의명분은 필요하지 않습니다. '측은지심'이 있으면 가능합니다. '인간으로서 당연히 해야 할 일을 한다' 정도의 수준으로 타자와 마주하고, 그 이상은 요구하지 않습니다. 이해도 안 되고 공감도 안 되며 말이 통하지 않더라도, 우리는 1명의 살아 있는 사람으로서 타인이 느끼는 굶주림과 아픔, 고통을 알 수 있습니다. 바로 그 수준에서만 관여하면 됩니다.

이해나 공감을 바탕으로, 그 위에 커뮤니케이션의 기초를 쌓자는 이야기가 아닙니다. 이것은 이해도, 공감도 안 되지만 바로 눈앞에 상처받고 헐벗은 '살아 있는 인간'을 대면했을 때 '인간적으로' 그를 방치할 수는 없다고 느끼는 공생의 감각입니다.

더 높은 수준, 그러니까 통치 형태를 공유하거나 정교분리의 원칙을 공유하자, 또는 민주주의와 인권사상을 공유하자는 주장은 빨리 포기해야 합니다. 거기까지 요구하지 않고 딱 이 정도까지만 관여하는 것으로 충분하다고 생각합니다. 아니, 이것 외에는 할 수 있는 다른 방도가 없습니다.

미국이 세계의 표준을 제정하는 힘을 잃어감에 따라 비로소 이런 '강화講和적 공존'이 가능해질지도 모르겠습니다. '한쪽이 옳고 나머지는 다 틀렸다'가 아니라 각각이 로컬한 가치관이자 고유의 민속지적 습관일 뿐이라는 점을 서로 인정하는 자세가 필요합니다. 마음속으로는 '실은 내가 옳거든'이라고 생각할 것입니다. 나는 진리를 알지만 상대방은 여전히 미망 속에 있다고 생각하겠지요. 그렇게 생각하는 건 어쩔 수 없습니다. 단, 그걸 입 밖으로 꺼내면 안 됩니다. 이런 종류의 자기억제가 필요합니다. 속으로 하는 생각과 입 밖으로 꺼내는 말은 서로 분리되어 있습니다. 이 분리를 받아들여야 과잉 글로벌화가 초래한 폭력의 연쇄를 끊을 수 있습니다.

강   그런 분리가 가능해지면 마치 멈추면 쓰러지는 자전거 위에 올라탄 것처럼 계속해서 전진해야만 하는 국민 총동원적인 움직임도 진정되리라 봅니다. 다만 조화적 공존의 대전제인 '서로 간섭하지 않는다'는 부분은 자칫하면 '네 것은 네 것, 내 것은 내 것'이라는, 언젠가 미국이 내걸었던 먼로주의(유럽 대륙과 상호 불간섭을 기조로 하는 외교 정책으로 2차 세계대전 전까지의 원칙)로 되돌아가 미국 일국주의로 변할 우려도 있습니다. 이런 사고방식이 여전히 미국 안에 뿌리를 깊이 내리고 있습니다. 힘없는 위성국가는 변화에 두려움을 느끼고 군비를 강화하는 방향으로 내달릴 가능성도 있습니다. 예컨대 현재 한국에서는 핵을 보유해야 한다는 목소리가 높아지고 있으며, 일본이라고 해서 다르지 않습니다. 미국이 개입하지 않는다면 핵무장을 획책하는 세력이 어디에나 존재하니까요.

우치다　　　그런 말이 나오겠지요.

일본에 숨어 있는 위험한 반미 르상티망

강　　　가능한 한 미국이 개입해주기를 바라는 사람도 있습니다. 얼마 전 변호사 출신의 마루야마 가즈야丸山和也 자민당 의원이 '미국에서는 노예도 대통령이 될 수 있다'는 취지의 말을 했습니다. 사실 가장 놀란

오늘날의 세계가 마주한 문제를 풀기
위해 필요한 것은 원리원칙과 대의명분이
아니라 측은지심이다. '한쪽이 옳고
나머지는 다 틀렸다'가 아니라 각각이
로컬한 가치관이자 고유의 민속지적
습관일 뿐이라는 점을 서로 인정하는
자세이다. 이것은 상처받고 헐벗은 '살아
있는 인간'을 대면했을 때 느끼는 공생의
감각이다.

대목은 '일본이 미국의 51번째 주'가 되는 걸 고려해야 한다는 말이었습니다. 이것이 노예근성이 아니라면 도대체 무엇일까요.

우치다　　　　　일본이 미국의 51번째 주가 될 수 있을 리가 없습니다. 일본은 미국의 속국인데, 미국이 무슨 이득이 있다고 속국을 '주'로 승격시켜주겠습니까. 만약 그렇게 된다면 일본 인구는 1억 3,000만 명인데 현재 미국의 인구는 3억 2,000만 명이니까, 미국 인구의 약 3분의 1이 '일본주'에 사는 사람이 되는 거예요. '일본주' 소속의 상원의원은 2명으로 제한되겠지만 하원은 인구 비례니까, 어림잡아 계산해도 435명 중 125명이 일본주의 의원으로 채워진다는 말이지요!

강　　　　　정말 그러네요. (웃음) 일본이 미국 최대의 주가 되는군요.

우치다　　　　　현재의 미국 공화당이나 민주당과 비슷한 힘을 갖는 제3세력이 생긴다고요. 일본주가 반대하면 어떤 법안도 의회를 통과할 수 없게 됩니다. 대통령 선거도 마찬가지죠. 일본주의 선거인 수가 최대니까 대선 후보는 선거운동이 시작되면 일본주에 딱 달라붙어야 해요. 일본주 사람들이 기뻐할 만한 정책을 계속해서 제안하고 어떻게든 선거인을 얻으려 하겠지요. 이런 제안을 미국이 받아들일 리가 없습니다.

지금은 일본이 속국이니까 미국은 턱짓만 해도 일본을 움직이게 할 수가 있어요. 하지만 주가 되면 주민의 눈치를 봐야 합니다. 그런 바보 같은 짓을 미국이 왜 하겠습니까.

강　　　　미국이 속국인 일본에 공민권을 부여할 이유가 없지요. 그런데도 그 의원은 일본인이 미국 대통령이 될 가능성이 있다고까지 말하더군요.

우치다　　　진심으로 미국의 51번째 주가 될 가능성이 있다고 생각했다면 현실 인식에 문제가 있는 거예요. 종주국이 속국민을 자기들과 동등한 자격의 시민으로 승격시킬 이유가 없다는 기초적인 현실을 파악하지 못한 것이니까요. 현실에 대한 감이 그 정도밖에 안 되는 사람이 의원이 됐다니, 오늘의 일본은 정말 위기로군요.

강　　　　이런 정치가가 많습니다. 미국의 개입이 사라지면 사라지는 대로 일본 정치가는 낭패를 보게 되지 않을까 생각합니다.

우치다   그러게요. 젓가락을 들고 내리는 일까지 전부 지시를 받았으니, 지시가 없으면 관료들은 엄청난 혼란에 빠지겠지요. 외교면 외교, 국방이면 국방, 에너지면 에너지, 식량이면 식량…, 일본 관료들에게는 국가의 기간이 되는 전략을 제 힘으로 짤 능력이 없으니까요. 이제까지는 어떻게든 미국의 의향을 미루어 짐작하여 빠릿빠릿하게 실현시키는 사람이 출세했습니다. 미국의 지시나 요구가 끊긴다면 관료들은 뭘 하면 좋을지 정하지 못할 거예요. 예전에는 관료 중에도 일본의 국익을 고려하고 논리적인 정책을 고민하는 사람이 있었습니다. 하지만 그렇게 해봤자 '미국이 이런 걸 허용할 리가 없지'라는 식으로 각하됩니다. 이런 상황에서는 국익을 위한 정책을 고민해봐야 쓸모가 없습니다. 처음부터 미국이 좋아할 만한 정책만을 궁리하게 되지요. 그런 일을 반세기 동안 해왔습니다. 이제 와서 갑자기 미국 눈치 보지 말고 국익에 도움이 되는 정책을 세우라고 한들, 그런 발상을 해본 적이 없으니….

갑자기 미국이 쇠퇴하면 일본의 통치기구도 삐걱거릴 것입니다. 일본은 미국이 천천히 쇠퇴하길 바랍니다. 아무리 미국이라도 론 폴Ron Paul 전 공화당 하원의원과 도널드 트럼프의 주장처럼 50개가 넘는 동맹국과의 안전보장 체제는 돈이 들 뿐이니 이제 잘라버리자는 극단적 선택을 하지는 않을 거라고 생각합니다.

미국의 먼로주의는 '프런티어 정신의 서부 개척'에 대한 대항 이데올로기였습니다. 무제한적 확장 노선에 대한 억제장치지요. 미국의 정치는 이 두 이데올로기 사이의 길항작용으로, 그러니까 밖으로 향하려는 원심력과 안으로 들어가려는 구심력이 동시에 작용하여 '적당한 선'에서 평형을 이룹니다. 그런데 지금은 그 힘이 퇴각의 방향으로 향하고 있습니다. 당분간 이 흐름이 변하지 않으리라 봅니다. 예전에 영국이 그랬던 것처럼 대담하게 몸을 줄이기는 불가능하겠지만요. 영국은 패권을 넘겨줄 만한 곳이 있었기 때문에, 그러니까 미국이 존재했기에 제국경영을 포기할 수 있었지만, 미국은 '세계경찰'의 업무를 위임할 만한 동맹국이 없어요.

일본은 미국을 동맹국이라고 생각하지만 미국은 그렇게 생각하지 않을 수도 있습니다. 전쟁의 상대국이었고 10만 명이 넘는 미국 청년이 태평양전쟁에서 사망했습니다. 만약 어떤 계기로 인해 미일안보조약이 사문화되거나 폐기된다면, 그 후 미국으로부터 군사적으로 독립한 일본이

70년간 느꼈던 속국으로서의 굴욕을 어떠한 형태로 표출할지는 예측할 수 없습니다. 종주국이 떠난 뒤 식민지의 원주민이 품은 르상티망에서 촉발될 행동은 뚜껑을 열기 전까지는 알 수 없습니다.

강　　　　　'70년 동안이나 잘도 속국 취급을 했겠다'라고 국수주의자들이 들고 일어날지도 모른다는 말인가요?

우치다　　　　가능한 일이지요. 갑작스럽게 반미의 기운이 높아질 가능성은 충분해요. 지금 우익은 반反기지 운동을 하지 않잖아요? 외국 군대가 자기 국토를 점령하고 있는데 저항하지 않는 민족주의는 일본을 제외하면 세상 어디에도 없습니다. 이것이 얼마나 부자연스러운 일인지 우익도 무의식적으로 느끼고 있습니다. 마치 가정에서 아내를 때리고 차고 폭력을 일삼는 일본의 '아저씨'들처럼, 우익도 어느 날 갑자기 눈빛이 변하더니 미국을 향해서 분노를 표출하는 일이 일어나지 않을까 싶네요.
제가 만약 미국의 국무성 간부라면 이 문제를 일본 최대의 리스크로 간주할 겁니다. 어떤 계기로 반미 감정이 고조되면, 특히 지금까지 완전히 친미였던 민족주의자들이

손바닥 뒤집듯 반미로 바뀌는 때가 오면 손쓸 방법이 없어집니다. 그렇잖아요. 좌익은 전통적으로 반미니까요. 우익까지 반미가 된다면 큰일이지요. '병마개론(미군이 철퇴하면 일본은 다시 군국화할 우려가 있으므로 미군은 그것을 방지하는 마개 역할을 한다는 설)'처럼 오랫동안 일본의 군국주의적 르상티망은 미군의 주둔으로 억제되었습니다. 이 '마개'가 열린다면 폭발하겠지요. '이 자식들 우리를 속국 취급이나 하고 말이야'라며 주권국가로서 존재했어야 할 잃어버린 70년을 돌려달라고 한다면, 미국은 손쓸 수가 없습니다. 일본은 너무 오랫동안 폭발하지 않았으니까요.

잘 생각해보면 아주 이상한 일입니다. 1960년의 안보는 분명 반미 애국운동이었습니다. 1970년대 젊은이들의 베트남 반전투쟁, 1972년의 다나카 가쿠에이田中角榮 총리의 중일공동성명이 미국에 대한 일본의 마지막 조직적 저항이었어요. 그 뒤로는 오키나와 기지투쟁 이외에는 정부든 시민이든 주권 회복을 위한 운동을 거의 하지 않았습니다. 그러니 사회 내부에 상당한 양의 '가스'가 모여 있을 거예요. 자칫 미일동맹의 기축에 균열이 생긴다면 일본 전체가 갑작스럽게 반미로 바뀔지도 모릅니다. 제법 리스크가 큰 문제이지요. 제가 미국 국무성의 간부라면 일본은 잠재적으로 중국 이상의 반미 국가로 변할 위험이 있으니, 이를 어떻게 억제할지 고심할 것 같습니다.

강　　　제 생각에는, 그에 대한 조치로 지금 자주헌법론자들이 강하게 나오는 게 아닌가 합니다. 원래는 미국에 대한 복수랄까요, 르상티망이 생겨나야 해요. 그런데 일본에서는 헌법을 바꿔서 국가의 정체성을 확립하자는 주장이 등장했습니다.

우치다　　　일종의 김 빼기인가요?

강　　　그렇지요. 그들의 헌법 초안에는 미국에 대한 일본의 르상티망이 담겨 있으니까요.

우치다　　　자민당의 헌법 초안은 상당히 '위험'하다고 생각합니다. 현행 일본국 헌법에 담겨 있던 미국적 가치관이 전부 부정되어 있으니까요. 미국인이 자민당의 개헌 초안을 본다면, 이런 나라와는 가치관을 공유할 수 없다고 생각할 거예요. 독립선언 이후 이어진 미국의 통치원리 거의 대부분을 전면 부정하고 있습니다. 뿐만 아니라 개헌 초안은 도쿄전범재판에 대한 역사까지 부정합니다. 야스쿠니신사에 참배하여 전범들에게 현창하는 사상적 조류 가운데에 있으니까요. 이것을 본다면 일본은 '겉으로는 알랑거려도 속내까지 믿을 만한 동맹국은 아니다'라고 여기게 되겠지요.

3차 세계대전의 전망-터키 아니면 한반도?

강   아베 정권의 움직임을 섣불리 예단해서는 안 되겠지요. 동시에 동아시아도 예측이 불가능할 정도로 혼란한 상황이어서 앞으로 어떻게 될지, 다시 한번 전쟁이 일어나는 건 아닌지 걱정입니다.

우치다   3차 세계대전이 터키에서 시작될 거라는 이야기도 있어요.

강   배후에 러시아를 둔 아사드 정권이 반정부세력을 공격하고 있습니다. 이전에도 터키 수도 앙카라에서 자폭 테러가 벌어졌습니다. '쿠르드자유매파 TAK'라는 조직이 범행 후 자신들이 벌인 일이라고 성명을 냈지만, 정확한 사실은 아직 파악되지 않았습니다. 저는 쿠르드 문제가 더욱 심화된다면 터키가 세계대전의 발화점이 될 가능성이 높다고 봅니다.

우치다　　　　예전에는 발칸반도가 '유럽의 화약고'
로 불렸습니다. 이렇게 인종적, 종교적으로 복잡하게 얽
혀 있는 지역에서는 작은 압력으로도 발화점에 이르러
폭발할 가능성이 있습니다. 저 또한 터키-시리아 국경에
서 3차 세계대전이 시작되는 시나리오가 현실화될 가능
성이 있다고 생각합니다.

강　　　　또 다른 가능성은 한반도겠지요.

우치다　　　　한반도라면 북한 '김씨 왕조'의 와해가
계기가 되겠지요. 아마도 궁정 쿠데타라는 형태가 아닐
까 합니다.

강　　　　우치다 선생은 궁정 쿠데타를 생각하
는군요. 그게 아니라면 김정은 암살도 고려해볼 수 있어
요. 이전에도 주한미군이 '김정은 참수작전'을 계획 중이
라는 보도가 나와서 북한 당국이 엄청난 분노를 표출했
습니다. 이건 북한 정권에 대한 위협이자 경고라고 생각
합니다. 정말 실행할 계획이었다면 언론에 흘리지 않고

비밀리에 진행했을 테니까요.

우치다　　　하지만 그런 생각을 하고 있는 건 분명해요.

강　　　오사마 빈 라덴Osama bin Laden 때도 그랬지요. 미국은 김정은을 표적으로 삼고 있을 거예요. 하지만 그를 제거했을 때 무슨 일이 생길지는….

우치다　　　괜히 손댔다가 잘못되면 큰일이지요. 자포자기해서 핵 미사일을 날릴 가능성도 있으니까요.

강　　　북한의 탄도 미사일이 얼마나 멀리까지 날아갈지는 모르지만 최근에 자주 미사일 실험을 벌이는 걸 보면 미국 서해안까지는 가지 않을까 싶어요.

우치다　　　어느 정도의 기술력은 확보한 것 같습니다. 하와이나 괌에 있는 미군기지를 노릴 수도 있습니다. 오키나와의 미군기지와 일본의 원자력발전소가 더 가능성이 있어 보이지만요.

강　　　　　핵 보유국과의 전쟁은 지금까지 미군이 한 번도 경험해보지 못한 일입니다. 그래서 한반도의 상황을 예상하기가 어렵습니다. 북한 입장에서 보면 핵만큼 체제 보전에 도움이 되는 장치가 없어요. 북한은 이라크나 리비아의 상황을 보고 그런 방향으로 생각하게 되었어요. 하지만 지금처럼 자국의 핵기술을 전면적으로 과시하는 상태라면, 상대방이 어떻게 나오느냐에 따라 엄청난 비극이 벌어질 가능성도 있습니다.

우치다　　　　지금은 그저 '전쟁 일으킨다, 한다, 한다' 하고 위협할 뿐이지만 정말로 북한이 미국과 전쟁을 하게 되면 개전과 동시에 나라가 망하리라는 사실을 그들도 잘 알고 있습니다. 뿐만 아니라 기득권을 향유하는 군부의 특권 계급과 당 간부의 경우, 당장은 김정은에게 붙어 있겠지만 숙청당할 리스크가 역치를 넘으면 '죽기 전에 먼저 죽이자'라고 판단할지도 몰라요. 그런 경우에는 궁정 쿠데타가 일어나겠지요.

문제는 쿠데타가 일어난 뒤 누가 북한의 후견인이 될 것인가라는 문제입니다. 중국이냐 러시아냐 아니면 미국이냐…. 각국은 북한 내부에 협력자를 만들어두고 있을 거예요. 그리고 무슨 일이 있으면 '우리가 뒤에서 밀어줄 테니' 쿠데타를 일으켜 권력을 잡아보라고 귀엣말을 하고 있을지도 모릅니다. 이런 가정하에서, 혹은 어떤 계기로 권력의 공백이 생기고 중국이 뒤를 봐주는 세력과 러시아를 등에 업은 세력, 그리고 한국과 미국이 배후에 있는 세력이 뒤엉켜 헤게모니 싸움을 벌일 가능성도 존재합니다.

강   1997년 즈음 북한의 기근이 최악에 이르렀을 때, 군부에서는 어차피 굶어 죽을 거면 핵무기로 한 번 승부를 걸어보는 게 좋지 않겠느냐는 의견도 많았다는 이야기를 들었습니다. 등줄기가 오싹해지더군요.

우치다   북한의 경우는 예상 외의 시나리오도 다양하게 있을 거라고 생각합니다.

강   냉전이 끝나고 조금씩 평화가 그 지분을 늘려가고 있을 때, 한때 세계가 좀 더 평화로워지지 않을까라는 기대를 갖기도 했습니다. 냉전이 종결된 직후 미국의 정치학자 프랜시스 후쿠야마는, 역사의 시대는 끝났고 지금부터는 일상의 쾌적함을 위해 무얼 선택할지에만 몰두하는 지루하지만 평화로운 시대가 온다고 예상했습니다. 하지만 그 예상은 완전히 빗나가버렸습니다. 혹시라도 2차, 3차 한국전쟁이 일어난다면 제 인생은 전쟁으로 시작해서 전쟁으로 끝나게 되겠네요. 생각만 해도 암울해집니다.

북한은 별 거 아니라며 스마트폰으로 전쟁 게임을 하는데 정신이 팔린 사람들이 많지만, 만약 일본의 원전시설로 미사일이 날아온다면 미래는 그걸로 끝입니다. 이런 생각을 하면 당장 정신을 차리고 제대로 된 논의를 시작해야 하지 않나…, 진심으로 그렇게 생각합니다.

우치다　　　정말 그래요. 도대체 지금까지 뭘 한 건지, 부끄럽기 그지없습니다.

강　　　현재 일부 언론에서는 북한을 이라크의 사담 후세인처럼 짓밟아버리면 된다는 식으로 말합니다. 마치 게임을 하는 듯한 감각으로 전쟁을 긍정하는 표현도 등장합니다. 도대체 왜 이런 여론이 나타난 거죠?

70년 평화에 질린 혐오감의 만연

우치다　　　　아까 미국 이야기를 할 때, 사회주의를 모르는 세대에게는 그것이 신선하게 들릴지도 모른다고 말했습니다. 이와 마찬가지로 '시간의 간극 때문에 과거를 신선하게 느끼는' 현상이 일본에서도 일어나고 있어요. 지난 70년간의 평화에 싫증이 난 것이지요. '싫증'은 정말 엄청나게 독성이 강한 감정입니다. 체제의 수혜자 스스로가 자신에게 권익을 가져다준 체제에 싫증을 내고 그 체제를 파괴하는 데 동의한 예를 역사에서 찾을 수 있습니다. 아베 신조의 '전후체제로부터의 탈각' 역시 마찬가지입니다. 그는 자신을 두 번이나 총리대신으로 만들어준 체제를 '추한 나라'라고 말하고 있습니다.

강　　　　아베 스스로 현재의 일본을 부정하고 있군요.

우치다　　　　시스템의 최대 수혜자가 자기를 총리대신으로 만들어준 시스템을 매도하고 이 사회를 근본적으로 바꿔야 한다고 말합니다. 이는 '보다 좋은 것'을 구하는 행동이 아니라 지금의 시스템에 대한 혐염嫌厭일 뿐입니다.

강   혐오감.

우치다   혐오감, 혐염감, '지긋지긋하다'는 감
정. 이 감정이 지금 일본에 퍼지고 있습니다. 특히 민주당
정권 말기부터 '이제 됐다', '지긋지긋하다', '싫증난다'
는 말이 정치적 언명으로 통용되기 시작했습니다. '지긋
지긋'하니 정치체제를 바꾸자는 주장은 말도 안 됩니다.
개별 정책이나 제도의 문제점을 검증해서 '이 부분을 고
치자'라고 한다면 이해할 수 있지만 지금은 그게 아니잖
아요. 체제가 지겨우니 전부 바꾸자고 하는 거예요.

강   그 감정이 아베 정권을 지탱하고 있지
않습니까.

우치다   아마도 그럴 거예요. 예를 들어 걸프전
때, '국제 사회의 웃음거리가 되었다'라는 말이 갑자기
유포된 적 있잖아요. 도대체 누가 어떤 입장에서 그런 말
을 했기에 '웃음거리가 되었다'라는 말이, 구체적으로 일
본의 외교·안보상의 국익에 얼마나 악영향을 끼칠지는

고려하지 않은 채 그저 '웃음거리가 되었다', '두 번 다시는 싫다' 같은 감정적 표현이 정치적 견해로 통용된 것일까요.

지금도 그때와 비슷합니다. 저 말이 어떠한 정책적 언명도 담고 있지 않음에도 대중에게 강한 설득력을 갖게 되었습니다. 전 국민이 '이제 진절머리가 난다', '지긋지긋하다', '이미 많이 했다' 같은 말을 하고 있습니다. '전후 체제는 이제 지긋지긋하다'는 아베 그룹과 '아베 신조는 지긋지긋하다'는 반反아베 그룹이 모두 '지긋지긋하다' 같은 감정적 표현을 사용합니다.

강　　　　그렇게 말하면 모두가 납득해요. '민주당 정책의 어느 부분이 문제다'가 아니라 아무 논의도 하지 않은 공허한 말들만 이쪽저쪽으로 날아다니고 있어요.

우치다　　　　네. 정권 교체 당시의 투표에서도 '뜨거운 맛을 보여주겠다', '혼을 내주겠다' 같은 일상의 용어가 정치의 장에서 사용되었습니다. 어떤 정책의 어디가 어떻게 틀렸고 어떻게 보정하면 좋을지에는 아무도 주목하지 않았어요. 지금도 '이제 지긋지긋하다'라고 말하면 '어디가 어떻게 문제냐'고 따지는 사람이 없습니다.

'싫증났으니 바꾸자'는 말에 국민 누구도 반론을 하지 않는 상황입니다.

2016년 미국 민주당의 대통령선거 후보 경선에서 힐러리 클린턴Hillary Clinton이 버니 샌더스에게 추격을 당할 때도 여러 미디어에서 제게 인터뷰를 요청했습니다. 저는 "힐러리는 8년 전이라면 아직 신선할 때니까 압승할지도 모르겠지만 이제 질리도록 많이 봐서 '또 힐러리야'라는 인상을 준다"라고 말했습니다. 그러자 기자들이 모두 "아, 그렇군요. 이제 힐러리 클린턴에게는 모두 싫증이 났군요. 그렇죠, 그래요" 하고 납득하더군요. "샌더스는 특이하니까 끌리지 않아요?"라고 한 말에 일본 기자들은 순순히 고개를 끄덕였습니다. 저는 입에서 나오는 대로 싫증이 났다, 싫증이 안 났다라고 했을 뿐인데요. 이래도 되는 건가요? (웃음)

'싫증났으니 안 된다'라는 설명이 정치적 분석으로 일본의 미디어에서 통용됩니다. 어떤 근거로 '싫증났다'라고 말하는지, '싫증이라는 감정과 그것에 기초한 판단의 적절성 사이에 어떤 관계가 있는지 논리적으로 따져보자'라는 등의 문제제기는 전혀 없습니다. '아무리 바른 정책이라 하더라도 지겨워지면 끝이다'라는 해석이 일본에서 통합니다. 통치자를 고를 때 정책의 적합성보다 지겨운

지 신선한지를 우선해서 보는데도, 아무도 '이상하다'고 생각하지 않아요. 전 이런 상황이 이상합니다.

강 새로워 보이기만 하면 아무리 이상해도 의문을 갖지 않습니다. 전쟁 당시에 사용한 '혁신관료'라는 말의 '혁신'과 같은 상황이에요. 그때는 '혁신'이 이상한 효력을 가지고 있었으니까요.

우치다 그렇습니다. '혁신'이나 '유신'이나, 정말 그래요.

강 그런 말들이 유포되어서 좋은 방향으로 간 적이 없습니다.

우치다 네. '싫증났으니 그만하자' 외에는 어떤 메시지도 담겨 있지 않아요. 싫증났으니 지금 있는 것을 부수자라는 것뿐이죠. 이런 상황에서 지난 8년간 '유신'(하시모토 도루橋下徹가 이끄는 오사카유신회를 가리킨다-옮긴이)이 지배한 오사카의 정치를 관찰해보면, 엄청난 규모로 파괴되어 무서울 정도입니다. 반대로 도대체 무엇을 창조했는지를 살펴보면, 아무것도 없습니다. 하지만 유신 지지자들은 '이것도 부수고 저것도 없앴지'라고 실적을 꼽습니다. 무엇을 만들지에 관해서는 관심이 없어요. 일단 진절머리가 나던 기분이 해소되었으니 그걸로 만족합니다.

체제의 붕괴를 바라는 위정자들

강　　　　　　일종의 잠재적 파괴욕망 때문이 아닐까요. 유신이니 혁신이니 하는 말들이 나오지만, 단지 부수고 싶어진 거지요. 지금 그런 부정적 에너지가 표출되고 있어요.

한 역사 연구자와 이야기를 한 적이 있는데요, 그는 만약 근대 일본에서 공식합체론(조정과 막번을 연결하는 체제 재편을 주창한 막부 말기의 정책)이 받아들여졌다면 탈아입구脫亞入歐를 주장하며 한국과 중국으로 진출하거나 팽창하지 않았을지도 모른다고 설명하더군요. 하지만 그렇게 되지 않았습니다. 결국 에도 막부를 완전히 붕괴시키고 '야만인'이 에도를 제국의 수도로 만들었습니다.

우치다　　　　막부 말기의 수뇌부들은 스스로 에도 막부에 관한 악평을 퍼부었습니다. 가쓰 가이슈勝海舟도 그랬고 후쿠자와 유키치福澤諭吉도 그랬어요. 막부의 중추에 있으면서 체제의 당사자이자 정책 결정에 깊이 관여하던 사람들이 '막부의 신하들은 바보뿐이다. 이런 엉성한 정치체제는 얼른 없애야 한다'라고 아무렇지도 않게 이야기했어요.

강　　　　그렇군요. 싫증이 났던 거로군요.

우치다　　　저는 막부의 붕괴는 '에도체제로부터의 탈각'이었다고 생각합니다. 도쿠가와 요시노부德川慶喜가 '도바·후시미 전투'에서 어떻게 싸웠는지를, 또한 다이세이호칸(1867년 에도 막부가 정권을 메이지천황에게 반환한 일-옮긴이)의 결단 속도를 보세요. '나는 이제 더 이상 쇼군 자리에 있고 싶지 않다'라고 말할 뿐이었습니다. 폐번치현 때도 거의 모든 번주들이 영지와 성을 버리고 귀족이 되어 도쿄에서 화려한 소비생활을 했잖아요. '폐성령'이 내려오고 선조로부터 물려받은 성을 없애라는 말을 듣고도 번주들은 저항다운 저항을 하지 않았습니다. '성따위는 어떻게 되어도 상관없어'라는 마음이 아니었을까요. 머리끝부터 발끝까지 막부체제에 싫증이 나 있었던

불쾌한 시대의 폭주를 막기 위하여

거예요.

이 관점에서 보면 세계대전은 '메이지체제로부터의 탈각'이었습니다. 1930년대, 1940년대의 대일본제국의 전쟁지도부가 메이지체제를 파괴했습니다. 체제의 중추에 자리하며 법외 권력을 행사하던 메이지체제의 수혜자들이 마치 무언가에 홀린 것처럼 체제를 무너뜨리는 방향으로 돌진했습니다. 그리고 보란 듯이 메이지유신 이후 70년에 걸쳐 쌓아올린 것들을 무無로 돌려놓았습니다.

강　　　　　이번에도 70년…. 역사는 반복되는군요.

우치다　　　　그렇습니다. 전쟁지도부는 체제의 중심에서 유악상주권(군주제 국가에서 군부가 군사 관련 사항을 각료회의를 거치지 않고 직접 군주에게 보고하는 일)을 손에 쥐고 있었고 통수권으로 보호되었으며 내각 총리대신이나 제국회의 위에 존재했습니다. 바로 그 체제의 최대 수혜자들이 무언가에 홀린 듯이 '그랬다가는 나라가 망할 텐데' 싶은 정책을 계속해서 선택했습니다.

강　　　　　거기에는 온건한 선택지가 들어갈 여

지가 없습니다.

우치다　　　　온건한 선택지는 시야에 들어오지 않지요. 극단적이지 않으면 안 되니까요. '이제 싫증났으니' 체제의 붕괴를 보고 싶은 거예요. 1942년의 미드웨이 해전 때 제국 해군은 주력을 잃고 더 이상 조직적 저항이 불가능한 상황에 직면했음을 깨달았습니다. 내대신內大臣 기도 고이치木戸幸一와 요시다 시게루吉田茂는 미국과 강화할 방도를 찾기 시작했지요. 1942년에 강화했다면 온건한 패전을 맞이할 수 있었습니다. 만주와 한반도, 그리고 남방의 영토는 잃겠지만 북방 영토와 오키나와는 지켰을 거예요.

패전 후 헌법도 자주적으로 개정하고 통수권 같은 위험한 조항을 뺀 온건한 입헌군주제를 선택했을 터입니다. 그랬다면 일본 열도가 외국 군대에 점령되는 일도 없었고, 그 군대가 국토에 반영구적으로 주둔하는 일도 없이 일본인은 온전한 주권국가의 국민으로 살았겠지요.

강　　　　　역사적으로 그런 일은 일어나지 않았어요. 파괴욕망 쪽이 더 우위에 있다는 건데, 그런 파괴욕망이 강해지는 시기가 반드시 오는 걸까요?

우치다　　　　반드시 오는 것 같습니다. 일정 기간의 안정기가 지나고 나면 자기가 이익을 얻으며 평화롭게 살아가는 체제를 파괴하고 싶어지나봐요. 어쩌면 아주 끔찍한 일이 될지 모르지만, 불행해지는 것이 지루한 것보다는 낫다는 말이지요.

강　　　　장기적 관점에서 세계의 움직임을 볼 때 저는 칼 폴라니에게 가장 많은 도움을 받았습니다만, 그는 19세기에 전 세계를 석권한 시장자유주의와 그에 대한 반동으로서 일어난 파시즘의 대두가 세계를 파멸시키는 대전환을 일으킨다고 설명합니다. 그런데 그 근저에 지금 우치다 씨가 말한 파괴욕망, 지루함보다 불행이 낫다는 마음이 있는지도 모르겠군요.

유럽의 경우 빈체제로부터 100년이 지난 뒤에 1차 세계 대전이 발발했습니다. 발칸반도의 사라예보에서 일어난 작은 사건으로 인해 100년간의 안정이 붕괴되고 역사상 전례가 없는 대량의 사상자를 낸 전쟁으로 돌진했습니다. 여기에는 개별적으로는 설명할 수 없는 어떤 힘이 작용하는 듯합니다. 잘 생각해보면 정말 무서운 일이 아닐 수 없습니다. 현재 일본의 전후 민주주의는 현저히 약해져서 과연 그것이 존재했었는지조차 의심될 정도입니다.

그렇다고 이제 싫증이 났으니 파괴하자고 하면 도대체 어떤 일이 생길까요. 우리 세대라면 어느 정도는 꿰뚫어 볼 수 있겠습니다만, 지금은 전후체제로부터의 탈각 등의 말이 점점 힘을 얻고 있지 않습니까. 지긋지긋하다는 감정에 사로잡힌 사람들에게는 논리적 설명이 통하지 않습니다.

우치다　　　앞에서도 말했지만 미셸 우엘벡의 소설 『복종』을 읽으면 프랑스 사람들이 자국의 시스템을 얼마나 지긋지긋하게 여기는지 생생하게 느낄 수 있습니다.

강　　　지긋지긋하게 여기는 사람은 주로 중산계급인가요?

우치다　　　그렇습니다. 하층민 가운데 현재의 체제가 자신에게 전혀 도움이 안 된다고 생각하는 사람은 어떻게든 세상이 바뀌기를 원합니다. 하지만 중산계급은 체제 안에서 그 혜택을 누리며 어느 정도 편안하게 지내왔음에도 불구하고 마음속으로는 진절머리를 치고 있습니다.

강   그런 생각이 확산된다면 시대의 분위기에 대항하기가 점점 어려워지겠군요.

역사에서 불쾌한 시대의 결말을 배우다

우치다   현재 일본의 분위기와 가장 비슷한 예는 1920년대의 독일이 아닌가 합니다.

강   저도 그렇게 생각합니다.

우치다   마르틴 하이데거Martin Heidegger의 『존재와 시간Sein und Zeit』은 1927년에 간행되었습니다. 그로부터 얼마간 전 세계가 하이데거에 열광했습니다. 지금 읽어보면 아주 이상한 사고방식이에요. 그는 지금 세계의 존재방식은 본래적인 것이 아니니 아주 근본적으로 바꾸지 않으면 안 된다고 계속해서 이야기합니다.
뭐랄까요, 하이데거는 기본적으로 무언가에 불쾌해 하는 사람 같아요. 아주 기분 나빠해요. 자기가 지금의 자신이라는 사실에 마음속 깊이 화가 나 있어요. 그리고 그 이유를 '진정 그러해야 할 자신'과 '지금의 자신'이 해리되어 있어서라고 설명합니다. 그렇다면 지금 자신의 거짓된 삶의 방식을 부정할 수밖에 없습니다. '내가 나라는 사실에 진절머리가 난다'고 화를 내는 것이 '본래의 자신'에 이르는 바른 길이라고요. 하이데거 철학은 지금 있는 것을 전부 부숴버리라는 식의 '체제로부터의 탈각론'과 궁합이 아주 좋습니다. 아베 정권의 관료들이 하이데거를 읽으며 이론 무장을 하는지 어떤지는 모르겠지만요.

하이데거뿐 아니라 세계대전 기간의 유럽 철학자들은 다들 기분이 안 좋았어요. '이것저것 전부 다 날려버리지 않으면 그 무엇도 다시 시작할 수 없다'라는 기분이 라인강 양안을 채우고 있었습니다.

강　　　아카기 도모히로赤木智弘는 「'마루야마 마사오'를 후려치고 싶다「丸山眞男」をひっぱたきたい」(『논좌』, 2007. 1)에서 '희망은 전쟁'이라는 슬로건을 내걸었습니다. 그런데 정말 그의 바람이 이루어질 것 같은 분위기가 조성되고 있습니다. 이를 막기 위해서 뭐라도 해야 하지 않을까요. 언론 공간에서 가능한 일은 다 해야 하지 않을까요.

우치다　　　세계대전 기간의 유럽에서 모두가 불

쾌해 할 때, 누군가가 '그대들 모두가 상당히 기분이 나빠 보이는데 어찌하여 그대들 모두가 기분이 나쁘냐면 말이야, 그건 역사적인 이유가 있기 때문이야. 그대들의 그 불쾌함은 사실 그대들의 자의적 선택이 아니라 오히려 부여받은 것일지도 몰라'라고 지적했다면 정신을 차린 사람도 있지 않았을까요. '나는 나의 불쾌한 기분이 내가 철학적 사고를 통해 도달한 자기결정의 결과라고 생각했는데 실은 그냥 내가 불쾌하도록 역사적으로 규정되어 있었던 거구나!'라고 깨달았다면 '전쟁 한판 붙어볼까' 하는 시대적 분위기에 강한 경계심을 품지 않았을까요. 역사의 교훈은 이런 게 아닐까 합니다.

인간이란 어느 정도의 시간이 지나면 아무리 좋은 시스템이라 해도 그것에 싫증이 나고 시스템을 파괴하고 싶어집니다. 파괴욕망은 인간의 자연스러운 성향입니다. 이렇다 저렇다 따져봐야 소용이 없습니다. 인간이 원래 그런 존재임을 항상 염두에 두어야 해요. 문제는 역사상 몇 번이고 반복된 어리석은 일을 현대 일본이 또다시 반복하려 한다는 사실입니다. 이런 병에 대한 지식을 가질 필요가 있다고 생각합니다.

강　　　　　　그러기 위해서는 가끔은 커다란 그림을 참고할 필요도 있습니다.

우치다　　　거창한 이야기랄까…, 100년, 200년 단위로 문명사적 문맥 속에서 자신의 위치를 파악하지 않으면 지금 하는 일의 의미가 잘 보이지 않습니다. 개별 정책의 문제점보다 불쾌한 기분이 훨씬 더 독성이 강하지만, '시대에 빙의된 기분'은 거리를 두고 멀리서 부감하지 않으면 보이지 않으니까요.

강　　　그런 의미에서 소세키의 문명사관의 위대함을 다시 통감합니다. 100년 전에 이미 자본주의의 본질을 읽어내고 결국에는 닥칠 오늘날의 살벌한 염세관을 예언했으니까요.

우치다　　　『산시로三四郎』의 첫머리에 있는 히로타 선생의 '망할 거야'라는 말이로군요.

강　　　오늘날의 청년들은 사회주의가 추진했던 진보적 실험을 경험한 적이 없기 때문에 좌익에 대한 거부감이 없습니다. 그 안에서 신선한 대항축을, 거기에서 어떤 가능성을 찾을 수 있을지도 모르겠습니다. 아무

튼 제가 '전기 고령자'에서 '후기 고령자'로 넘어가는 때에 이런 상황을 맞이하게 되리라고는 꿈에도 몰랐습니다. (웃음)

우치다　　　저도 지금 이렇게 일이 늘어날 줄은 몰랐어요. 칩거할 생각이었는데 말이지요. (웃음)

강　　　그럼 다시 청중의 질문과 의견을 들어보도록 하겠습니다.

철수와 축소만이 인간 본연의 모습으로 돌아가는 길

Q ─────　우치다 선생께서는 악명 높은 세계제국이었던 영국만이 역사상 유일하게 제국을 축소하는 데에 성공했다고 하셨습니다. 그것에 관해 조금 더 여쭤보고 싶습니다. 일본의 역사가로 『머나먼 낭떠러지遠い崖』를 쓴 하기하라 노부토시萩原延壽는 『자유의 정신自由の精神』에서 자신의 영국론을 펼칩니다. 선생님의 설명처럼 영국이 아주 훌륭하게 퇴각했다는 내용이었습니다. 앞으로의 세계는 광역화와 협소화가 시작될 것이라고 설명하셨는데, 영국은 지난

세기에 이미 훌륭하게 철수했다는 면에서 배울 점이 많아 보입니다. 이 점에 대해 어떻게 생각하십니까?

우치다　　　훌륭한 관점이에요.

Q ——————— 하기하라는 1957년에 미국을 경유하여 영국으로 건너가, 1962년에 일본으로 돌아왔다고 합니다.

우치다　　　영국병이 한창일 때로군요. 앞에서도 이야기했지만, 세계제국이 의도적으로 자기 몸집을 줄인 예는 영국이 유일합니다. 1947년에 그리스와 터키에 대한 권리와 의무를 미국에게 건네고 세계제국에서 섬나라로 돌아갔습니다. 그 대가가 '영국병'이라는 사회적 불활성 정도에서 끝났다는 것은 오히려 커다란 성과라고 해도 좋겠습니다.

미국은 앵글로색슨의 선배인 영국이 세계제국을 축소시킨 모습을 반세기 전에 보았습니다. 파국적 사태를 피하고 연착륙한 예를 확인하고 참고할 수 있습니다.

일본은 세계제국을 축소한다는 건 꿈도 꾸지 못하죠. 무조건 '언덕 위의 구름坂の上の雲'(개화와 근대화를 위한 노력을 그린 시바 료타로司馬遼太郎의 역사소설 제목으로, 근래 NHK 드라마

로 제작되어 화제가 되었다-옮긴이)만을 바라보며 온 나라니까요. 발걸음을 멈추고 내리막길을 넘어지지 않으며 내려가는 기술은 아예 가지고 있지 않습니다. 그런 기술을 평가하는 문화도 없습니다. 일본의 정치가나 관료는 미국이 '제국의 축소'라는 전략을 진정으로 검토하고 있으리라고는 생각하지 않습니다.

강 IS가 가장 증오하는 나라는 영국이 아니라 프랑스와 미국이잖아요. IS가 대두하기 전인 2005년에 런던에서 동시다발 테러가 발생하긴 했지만, 영국은 그렇게 많은 식민지를 보유했던 국가임에도 불구하고 IS의 공격 대상에서 빠져 있어요.

우치다 영국의 교활함은 식민지에서 현지인들이 서로 계급투쟁을 하게 만들었다는 데에서 확인할 수 있습니다.

강 현지에서 계급투쟁을 유도하고, 반대급부로 상업적 이익을 취했죠.

우치다 식민지 경영의 '아웃소싱'입니다. 아시

아에서도 그랬습니다. 밖에서 이민자 집단을 데리고 들어와 식민지의 특권 계급으로 앉힙니다. 그러면 현지인은 영국인이 아니라 자기들을 직접 지배하고 수탈하는 '밖에서 온 놈들'을 미워하게 됩니다. 영국은 지배계층 위에 올라탄 채로 그들에게서 '매상'만 받아가기 때문에 식민지 원주민의 직접적인 미움으로부터는 몸을 보호해요. 식민 지배가 끝났지만 영국이 이식한 민족 대립은 여전히 남아 있습니다.

바로 이 '지독함'을 포함하여 영국의 '제국 지배 기술'에 관한 연구가 중요하다고 생각합니다. 1940년대부터 60년에 걸친 '대영제국의 퇴각'은 이제부터 시작될 '미국의 퇴각'이 어떤 과정을 거쳐 이루어질지를 예측하는 데 참고가 될 것입니다.

강   미국만이 아니라 글로벌화 속에서 몸살을 앓고 있는 국가들이 어떻게 스스로 몸집을 줄이고 물러날지 모색하는 과정에서 본래의 인간적인 삶으로 돌아갈 방법을 찾을 수 있으리라고 생각합니다.

귀향의 딜레마-이시마키 출신자의 질문

Q ─────── 부끄럽지만 개인적인 질문을 드리고 싶습니다. 저는 미야기현 이시마키 출신으로, 동일본대지진의 피해 지역에서 왔습니다. 지금은 교토에서 일하고 있습니다. 고향의 부모님 집은 겨우 생활할 수 있을 정도만 남아 있고 외할머니 댁은 쓰나미로 완전히 무너졌습니다. 할머니는 지금도 가설주택에서 생활하고 계십니다. 저는 교토에서 일하고 있기 때문에 피해 지역에 해줄 수 있는 일이 없습니다. 돈을 조금씩 보내드리고 집에 갔을 때 용돈을 드리는 정도가 다입니다. 제 친구들 중에는 저처럼 다른 지역에서 일을 하는 경우가 많습니다. 그러니까 우리는 낳아주고 길러준 고향에 아무런 도움이 안 되는 사람이 되었습니다.

할머니는 연세가 많으시고, 제가 고향으로 돌아간다고 해서 모시고 살 수도 없습니다. 친구들을 만나면 그래도 어떻게든 고향을 도와야 하지 않느냐는 이야기를 자주 하지만, 도대체 어떻게 하면 좋을지 방법을 찾을 수가 없습니다. 이시마키에 돌아간다고 해서 취업할 수 있는 것도 아닙니다. 그렇다고 이대로 있자니 죄책감이 든다고 할까요, 고향에 남아 있는 할머니와 가족에게 아무것도 해줄 게 없어서 갈등이 생깁니다.

강　　　　　미야기와 후쿠시마는 상황이 많이 다를 거예요. 각각의 지역에 남아 있는 사람들이 감당하고 있는 무게도 다를 테고요. 가족을 걱정하는 마음이 이해됩니다. 저는 얼마 전에 후쿠시마현 니혼마쓰에 다녀왔습니다. 니혼마쓰에도 하마도리에서 피난온 사람들이 많았습니다. 그들이 말하기를 최근 5년 동안 인간관계가 완전히 망가졌다고 해요.

지진 전에 니혼마쓰에 살던 사람들은 하마도리의 후타바초나 나미에초 등에 사는 사람에게는 거의 관심이 없었다고 합니다. 그런데 그들이 피난와서 이웃에 살기 시작하자 사고방식의 차이 같은 문제로 잡음이 생겼습니다. 예를 들어 이웃으로 맞아들여 사이좋게 지냈는데 어느 날 갑자기 말도 없이 사라진다든지, 자녀가 있는 30~40대는 저선량 피폭이 아이들에게 줄 영향이 걱정된다며 다른 현으로 이사가는 경우도 많다고 합니다. 그렇게 되면 원주민과 이주민 모두 불신감, 배신감을 느낍니다. 물론 방사능에 대해 '나는 정말 괜찮을까' 하는 잠재적 불안도 가지고 있습니다.

혹은 하마도리에서 1,500만 엔에서 2,000만 엔이나 되는 보상금을 받고 니혼마쓰로 피난와서는 전혀 일을 하지 않는 사람들도 있습니다. 얼마간은 질투심 때문이겠지만, 그들을 나쁘게 말하는 사람도 있어요. 난민을 둘러싼 알력과 마찬가지입니다. 일을 하든 하지 않든 이물질 취급을 받는 측면이 있습니다. 이처럼 피해 지역에 사는 사람들은 다양한 스트레스에 노출되어 있습니다.

후쿠시마의 경우를 살펴볼까요. 지금까지 후쿠시마를 떠난 사람의 수가 15만 명 이상입니다. 고향에 남을지 떠날지를 선택하는 상황은 세대에 따라서도 다르고, 같은 가족이라 해도 똑같을 수는 없다고 생각합니다. 무엇이 좋은 선택인지는 바깥에 있어도, 안에 있어도 답을 알 수 없습니다. 정답은 없으니까요.

개인적으로 저는 바깥에 있으면서 남은 사람에게 무언가를 해줄 수 있을지 걱정하기보다 바깥에서 보다 잘 살아가는 것이 더 낫지 않을까 합니다. 지금 질문하신 분은 교토에서 일하고 계신데, 그곳에서 지내면서 좋은 가족을 만들고, 또 거기에서 조금 여력이 생긴다면 피해 지역의 물건을 산다든지 활기찬 얼굴을 보여주러 간다든지 할 수 있다면 좋겠다고 생각합니다. 피해 지역에 사는 분들은 한 사람 한 사람 다 다른 사정이 있으니, 어디에도 정답은 없습니다.

Q ——————— 감사합니다. 피해 지역에 있는 가족에게

아무것도 해줄 수 없는 상황에서 느끼던 미안함이, 어쩌면 걱정만 하지 본심은 돌아가고 싶지 않았던 마음이 조금 정리되었습니다.

강 선생님께서 말씀하신 원전 사고 지역에서 일어나는 돈이 얽힌 인간관계 갈등이 지금 이시마키에서도 일어나고 있습니다. 예를 들어, 쓰나미로 남편을 잃은 부인이 처음에는 친척들에게 동정을 받고 위로와 도움을 받으며 지냈는데 그분에게 고액의 생명보험금이 들어오자마자 돈 자랑을 시작해서 결국 친척들에게 따돌림을 받는 등 인간관계가 완전히 달라지는 일이 자주 있다고 합니다.

강　　　　　　같은 피해를 입었는데 어딘가에 선이 그어지고 보상금이 1,000만 엔, 2,000만 엔씩 차이가 나면서, 옆집은 운이 좋았네 같은 소문이 지역사회를 갈기갈기 찢어놓고 있습니다. 이것도 하나의 아이러니라고 생각합니다. 지금의 미야기, 이와테, 후쿠시마는 각각의 상황이 달라졌지만 그 바깥에 있든 그 안에 있든 자신이 발붙이고 있는 자리에서 보다 잘 살아갈 수밖에 없다는 말, 이 말밖에는 드릴 말씀이 없네요. 하지만 자기가 잘 사는 것 또한 매우 의미 있는 일이라 생각합니다.

싱가포르와 승자 건축 문화-
고시마 유스케光嶋裕介(건축가, 가이후칸 설계자)의 질문

Q —————— 오늘 강의에서 싱가포르에 관한 이야기
가 많이 나왔습니다. 건축가의 입장에서 몇 가지 질문을 드
리고 싶습니다. 외국의 경우를 보면서 건축과 근대화는 항
상 붙어다니는 짝패 같다는 느낌을 받았습니다. 예를 들어
안토니 가우디Antoni Gaudi의 재능을 개화시킨 것은 가우디
의 친구이자 최대의 후견인인 에우제비 구엘Eusebi Guell입
니다. 구엘은 섬유공업의 근대화로 성공한 실업가였습니다.
건축과 사회의 관계에 비추어볼 때 일본의 근대화는 외국에
서 들어온 서양 건축이 점점 확산되는 과정이었습니다. 그리
고 현대 싱가포르에서 이 일이 반복되고 있습니다. 그들은 외
국의 스타 건축가를 많이 데려와 빌딩을 짓습니다. 싱가포르
에는 자기 문화라 부를 만한 것이 없으니 바깥에서 '일류'를
데려옵니다. 그 결과 지금 싱가포르에는 세계 건축계를 이끄
는 사람들이 설계한 빌딩이 늘어서 있습니다. 일본의 건축가
역시 싱가포르를 비롯한 외국으로 나가고 있습니다.
일본에서 21세기의 건축이 가능하지 않은 이유를 생각해보
면, 근대화 과정에서 사회와 인간의 의식주와 관련하여 승
자와 패자라는 일종의 비대칭이 생겼기 때문입니다. 싱가포

위험하지 않은 몰락

르 같은 승자들이 조건이 좋은 일을 발주합니다. 네덜란드나 유럽의 성공한 건축가들은 자국에서도 건물을 짓지만, 해외에서 점점 좋은 일이 들어오기 때문에 '스타 선수'가 되어갑니다. 저 역시 '선수' 중의 하나이므로 이런 생각을 하면 좀 마음이 복잡해집니다. 이런 상황에서 건축가의 사상을 어디까지 살릴 수 있을까요. 만약 엄청난 부자가 건축가 자신은 공감할 수 없는 건축물을 지어달라고 의뢰한다면 '선수'로서 어떻게 해야 할지, 그냥 하겠다고 대답하지는 않을지 걱정됩니다.

옴진리교를 예로 들어보겠습니다. 지하철 사린 살포 사건이 일어난 1995년에 저는 학생이었습니다. 뉴스에서 옴진리교의 사티앙(교단의 시설)을 보았습니다. 사티앙은 창문도 없고 장식도 없으며, 오직 '공간'만 있는 공장 같은 건물인데 거기에 사람들이 살고 있었습니다. 그들은 공간에 관해서는 전혀 주의를 기울이지 않습니다. 그저 면적만 확보하면 된다고 생각해요. 그 광경을 보면서 그 건물의 존재방식이 우리를 얼마나 거울처럼 비추고 있는지 생각하게 되었습니다. 성공한 건축가들은 '글로벌하게' 해외로 나갑니다. 하지만 옴진리교나 러시아 사상가의 의뢰를 받았다면, 저라면 한평생 먹고살 돈을 설계비로 받는다고 하더라도 평생 후회할 것 같습니다.

건축가는 예술가가 아니므로, 고객이나 후견인 없이 홀로 존재할 수 없습니다. 가우디도 그러했고 르 코르뷔지에Le Corbusier도 근대화, 글로벌화에 연계되면서 비로소 이름을 남겼으니까요. 현대의 건축가가 사회의 움직임에 어디까지 발을 맞춰야 할지, 싱가포르처럼 자기들의 문화를 담지 못한 승자의 빌딩이 앞으로도 계속해서 올라갈지, 이 문제에 관한 전망을 듣고 싶습니다.

강한 자를 위한 건축은 후세에 남지 않아

우치다   현대의 건축은 후세에 남지 않을 것 같습니다. 메이지 시대에 만들어진 유럽풍 건축물의 경우 150년이 지난 지금도 그 안에 들어가면 어딘가 모르게 기분이 좋다고 할까요, 안심이 됩니다. 하지만 현대 건축은 지었을 때 당장은 신기해 보일지 몰라도 금방 질리고 맙니다.

그 이유는 몸을 가진 인간의 생리를 고려하지 않고 건물을 지었기 때문이라고 생각합니다. 인간의 살아 있는 몸은 실은 아주 원시적인 것을 요구합니다. '감싸준다', '닿아 있다', '보호받는다' 같은 신체적 실감을 느끼면 기분이 좋아집니다. 반대로 아무리 채광이 좋고 동선이 합리적이고 인테리어가 호화롭다고 해도 몸이 편하지 않으면 그 안에 오래 머물 수 없습니다.

가이후칸을 예로 들어볼까요. 이 건물은 흙과 식물만을 소재로 사용했습니다. 나무와 흙벽과 종이 등 예전에는 생물이었던 것을 건축의 재료로 사용했지요. 이런 환경이라면 생물인 인간이 기댈 수 있습니다. 공간과의 대화가 생기고, 같은 생물로서의 친근함이 치유와 안도감을 낳습니다.

콘크리트, 유리, 금속에서는 '같은 생물'이라는 공감을 가질 수는 없습니다. 건물 안에 있는 인간이 편안하게 대화를 할 수 없습니다. 저의 가장 큰 불만은, 인간의 몸은 부서지기 쉽고 상처받기 쉬우며 위태롭고 금방 피곤해지며 약하다는 점을 현대 건축이 고려하지 않는다는 점입니다. 오늘날의 건축 설계는 몸과 마음이 멀쩡한 사람, 강인한 사람을 기본값으로 두고 있다고 생각합니다.

싱가포르의 '클린시티' 건물은 '승자의 건축'이지요. 이렇게 부르는 이유는 단순히 연수입이 많다거나 호화롭게 만들어졌기 때문이 아닙니다. 그 건축물은 거기에 들어가 사는 주민들이 신체적으로 강건하다는 점을 전제하고 있다는 면에서 그렇습니다. 차가운 것에 닿아도 아무렇지 않고 창문이 없어도 답답해하지 않으며 주변에 자연물이 하나도 없어도 신경 쓰지 않는, 이런 종류의 터프한 감수성과 신체 감각을 전제로 지어졌습니다.

이에 비해 전근대의 건축은 '약한 개체'를 기본값으로 하고 있습니다. 약한 인간을 표준으로 유약한 사람이 기분 좋게 살아갈 수 있는 공간을 궁리했지요. 근대의 어떤 시점에선가 기준이 역전되어 건물이 그 안에서 생활하는 사람을 보살펴주거나 치유해주거나 위로해주지 않고 반대로 안에 있는 사람을 긴장시키고 흥분시키고 전투력을 높여야 한다는 식으로 발상이 바뀌지 않았나 합니다.

Q ——————— 글로벌화하는 가운데 합리성을 중시하면서 강한 인간을 표준으로 삼게 된 것일까요?

우치다　　　　　아마도 약한 사람을 위한 설계는 번거롭고 비용도 많이 들기 때문이라고 생각합니다. 상상력도 필요하고 아주 세밀한 부분까지 볼 수 있어야 하니까요.

약자를 환영하는 공공건축

Q ——————— 앞에서 군함도 이야기가 나왔습니다. 건축의 규모가 크면 클수록 건축가 한 사람의 힘으로는 설계를 감당하기 어려워집니다. 개인이 상상할 수 있는 부분을 뛰어넘게 되니까요. 그런데 이것이 '집단창조'라는 형태의 공동 작업이 되면 이권 등의 문제가 얽혀듭니다. 2015년에 발생한 미쓰이맨션의 말뚝 문제(미쓰이 부동산 그룹이 2006년에 판매한 요코하마시의 대형 맨션이 기우는 사고가 발생했다. 조사 결과 시공 과정에서 건물의 내하중을 지탱하는 말뚝이 설계와 다르게 사용되었음이 밝혀졌다-옮긴이)도 그랬고, 신국립경기장(2020년 도쿄 하계 올림픽을 위해 2016년 12월부터 도쿄 신주쿠의 국립경기장을 확장하는 재건축 공사가 진행 중이다-옮긴이)의 경우도 규모가 너무 커서 현장에서 무슨 일이 벌어지고 있을지 가늠하기 어렵습니다. 건축물의 규모가 커지면 감시와 책임 같은 문제도 커지면서 더 이상 컨트롤할 수 없게 되지요. 옛날이야기지만, 아네하 사건(2007년 일본 유수의 건축소인 아네하 건축사무소가 내진설계를 조작한 사건-옮긴이)의 구조계산서 위조 문제도 거대화로 인해 생긴 부작용이라고 생각합니다.

우치다 선생의 이야기를 듣고 방금 깨달았지만, 글로벌화는 강하고 건강한 인간상에 맞춰 건축의 표준을 만들고 있습니다. 하지만 거의 대부분의 사람은 강하지 않습니다. 어딘가에 약한 부분이 있어요. 그 부분을 못 본 척하면서 건축물을 만들고 있는 전형적 예가 싱가포르입니다. 합리성을 최우선하는 순간 '그건 비싸니까 하지 말자' 같은 식으로 여러 상황을 단순화시켜버리고 점점 더 인간의 몸에서 멀어지지 않을까 우려됩니다.

강   그런 면에서 저는 공공의 건물이야말로 '귀찮을 정도로 참견하는' 건축물을 지어야 한다고 생각합니다. 우치다 씨의 말처럼 사람 느낌이 나는 공간을 만들려면 손도 많이 가고 귀찮은 일도 늘어납니다. 하지만 이와 같은 고려는 사람이 모이는 공공건축물이 절대로 간과하면 안 되는 중요한 부분입니다.

저는 2016년부터 구마모토현립극장에서 관장으로 일하고 있습니다. 얼마 전에 기후현 가니시의 문화창조센터에 견학을 가게 됐어요. 그 건물은 출입구가 상당히 많았으며 문이 바깥으로 열려 있어서 누구든 가벼운 마음으로 들어올 수 있도록 설계되어 있었습니다. 문화창조센터는 비싼 연극이나 콘서트를 여는 곳이 아니었습니다. 예술의 장을 가능한 한 값싸게 제공하려면 어떻게 해야 할지를 궁리하여 만든 장소입니다. 지역의 고등학생들이 빈곤 가

정의 어린이들에게 공부를 가르치는 등의 시민 참여 프로젝트를 솔선하여 행하고 있었습니다. 약자를 환영하는 일종의 사회적 기능을 건축물에 부여한 예입니다.

'강한 사람은 돈을 많이 내고 멋들어진 극장에서 즐겨주세요. 여기는 약한 사람들이 먼저입니다.' 건물은 이런 메시지를 분명하게 보여줍니다. 인간을 서열화하는 것이 아니라, 복잡다단한 인간관계를 잘 조정하는 상호부조가 이루어지고 있었습니다.

싱가포르나 두바이의 초고층 빌딩은 인간성을 배제하고 인간의 교만을 강조한 바벨탑이라 생각합니다. 앞으로의 공공건축은 약한 인간을 지원할 수 있는, 사회 포섭을 고려하여 번거로운 일도 기꺼이 받아들이는 건축물이 되기를 바랍니다. 이 점은 오늘 우치다 씨와 이야기한 내용과도 겹치는 부분이 많다고 생각합니다.

안녕하세요. 우치다 타츠루입니다. 이번에 강상중 씨와
의 대담을 출간하게 되었습니다. 저로서는 강상중 씨와
함께한 첫 공동 작업입니다. 우리 두 사람은 나이가 같고,
흥미를 가진 영역도 상당히 겹칩니다. 저는 예전부터 그
가 하는 일을 주목하고 있었습니다. 그의 저작이 제 '공
략법'과는 달라도 공감하는 부분이 많아서, 만나면 분명
히 재미있게 이야기할 수 있을 거라 생각했습니다. 그런
기회가 주어지기를 계속 기다렸습니다.

　어느 날 우연히 '만나보지 않겠습니까'라는 제안이 들
어오기 전까지는 '만나면 즐거울 텐데'라고 생각만 하고
있었습니다. 저는 웬만해서는 집 밖으로 안 나가는 사람
이라 출판 기념 파티나 수상식 같은 행사에 얼굴을 비추

지 않습니다. 그러니 그런 곳에서 우연히 만나 명함을 교환하는 일도 없지요. 하지만 '언젠가 만나고 싶다'고 생각하던 사람과는 반드시 만나게 됩니다. 걱정할 필요가 없습니다. 나중에 생각해보면 '아, 정말 그때 만났어야 하는 거였구나' 하고 알게 됩니다. 강상중 씨와도 그런 식으로 만나게 되었습니다.

'아이고, 드디어 만나는군요'라는 인사를 나누고 자리에 앉자마자 우리는 바로 화제의 핵심으로 들어갔습니다. 한번 떠본다든가, 허풍을 떤다든가, 상대의 역량을 알아보려고 쓸데없는 짓을 한다든가 할 필요가 없었습니다. 그렇잖아요. 어느 정도의 역량인지는 이미 알고 있으니까요. 일단 온 힘을 다해 부딪쳐볼 수밖에 없습니다.

이런 진검 승부에서 '지금까지 다른 데서 썼거나 말한 이야기'를 반복해서는 상대방에게 전해지지 않습니다. '지금까지 해온 말'을 되풀이하면 상대방은 금방 알아챕니다. '내 앞에 있는 사람이 당신이 아니라 다른 사람이었어도 내 이야기는 변하지 않아(그러니까 당신이 누구건 상관없어)'라고 말하는 꼴이 됩니다. 겨우겨우 대담 상대로 이런 좋은 분을 만났으니, 저로서는 '지금까지 누구에게도 한 적이 없는 이야기, 강상중 씨가 앞에 있어주었기에 바로 지금 알게 된 이야기'를 하고 싶었습니다. 그로부터도 똑같은 이야기를 듣고 싶었고요.

이 대담에는 독특한 긴장감이 흐르고 있습니다. 논쟁 같은 팽팽한 긴장감은 아니었습니다. 그렇잖아요. 논쟁은 전혀 하지 않았으니까요. 거의 모든 논점에서 그와 나의 의견이 일치했습니다. 그런데도 다른 어떤 대담보다도 스릴 있는 자리였습니다. '이런 논거나 이런 추론을 통해 서로 같은 결론에 이를 수도 있구나'를 느끼면서, '그런 수가 있을 줄은 몰랐어요'라고 말하면서 서로의 말을 받아 적고 귀를 쫑긋 세우고 상대방의 이야기를 듣는 독특한 긴장감입니다. 대담을 듣고 있던 청중도, 책을 읽은 독자도 실감하셨으리라 생각됩니다.

강상중 씨와 함께한 시간은 정말로 자극적이며 동시에 스릴 있었습니다(강상중 씨도 마찬가지였으면 합니다). 앞으로도 만나서 이야기할 기회가 또 있을 거라 생각합니다. 그 기회가 가능한 한 빨리 오길 바랍니다.

*

바로 일주일 전에 커다란 지진이 구마모토를 덮쳤습니다. 여진이 계속 이어지면서 피해자 구조에 많은 어려움을 겪고 있다고 합니다. 구마모토는 강상중 씨의 고향이자 지금 관장으로 일하고 있는 구마모토현립극장이 있는

위험하지 않은 몰락

곳이니 무척 가슴 아프실 테지요. 그는 지금 열심히 구마모토의 지원, 부흥을 위한 운동에 매진하고 있을 것입니다. 저 또한 그 활동에 최대한 힘을 더하겠습니다.

우치다 타츠루

위험하지 않은 몰락

강상중과 우치다 타츠루가 말하는 불안과 화해의 시대론

2018년 12월 28일 1판 1쇄

지은이 강상중 · 우치다 타츠루 **옮긴이** 노수경

편집 이진 · 강변구 · 이창연 **디자인** 김민해

제작 박흥기 **마케팅** 이병규 · 양현범 · 이장열

인쇄 천일문화사 **제책** 정문바인텍

펴낸이 강맑실 **펴낸곳** (주)사계절출판사

등록 제406-2003-034호 **주소** (우)10881 경기도 파주시 회동길 252

전화 031)955-8588, 8558 **전송** 마케팅부 031)955-8595 편집부 031)955-8596

홈페이지 www.sakyejul.net **전자우편** skj@sakyejul.co.kr

블로그 skjmail.blog.me **페이스북** facebook.com/sakyejul

트위터 twitter.com/sakyejul

값은 뒤표지에 적혀 있습니다. 잘못 만든 책은 서점에서 바꾸어 드립니다.

사계절출판사는 성장의 의미를 생각합니다.
사계절출판사는 독자 여러분의 의견에 늘 귀기울이고 있습니다.

ISBN 979-11-6094-420-4 03300

이 도서의 국립중앙도서관 출판예정도서목록(CIP)은
서지정보유통지원시스템 홈페이지(http://seoji.nl.go.kr)와
국가자료공동목록시스템(http://www.nl.go.kr/kolisnet)에서
이용하실 수 있습니다. (CIP제어번호: CIP2018039151)